Hartmut Quiring

Willkommen in Deutschland

Deutsch als Zweitsprache

Lieder zum Deutschlernen

Name: ______________________________

Klasse: ____________

Mildenberger

Inhaltsverzeichnis

7 Was machst du gern?

21 **Hört das Lied. Singt mit.**
Welche Bewegungen passen zum Lied? Macht mit!

Ich spiele gern Fußball.
Ich spiele gern.
Ich spiele gern Basketball.
Ich spiele gern.

Ich singe gern.
Ich tanze gern.
Ich schwimme gern.
Ich male gern.

Was machst du gern?
Was spielst du gern?
Was machst du gern?
Was spielst du gern?

Ich spiele gern Hockey.
Ich spiele gern.
Ich spiele gern Tennis.
Ich spiele gern.

Miniprojekt

Was machst du gern? Was machst du nicht gern?

Arbeitet zu viert. Malt große Blumen auf Plakate.
Schreibt eure Namen in die Mitte. Schreibt dann in die Blütenblätter,
was ihr gern macht und was ihr nicht gern macht.
Hängt alle Blumen im Klassenzimmer auf.

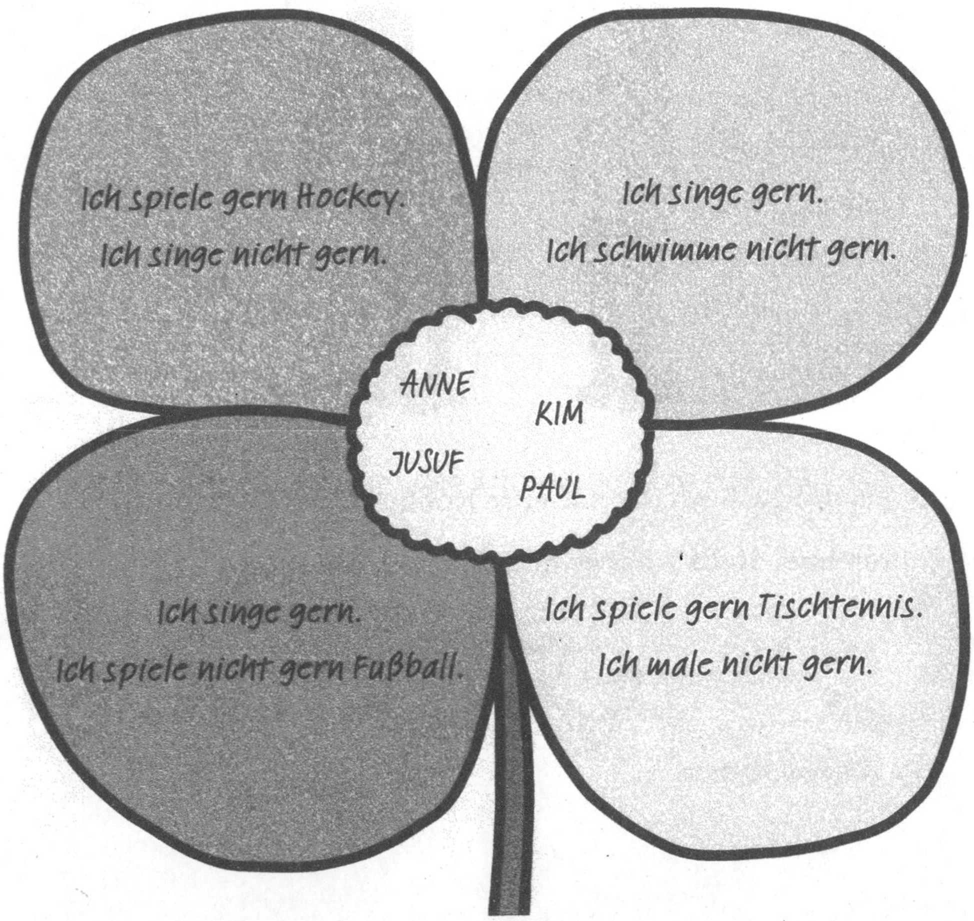

Viele Studien belegen, dass sich sprachliche und musikalische Förderung gegenseitig begünstigen.
Das Heft „Willkommen in Deutschland. Deutsch als Zweitsprache. Lieder zum Deutschlernen“ verbindet die Fächer Deutsch als Zweitsprache und Musik auf kongeniale Weise: Mit diesem Heft können sowohl sprachliche als auch musikalische Lernziele verfolgt werden, denn es ist sowohl für musisch unterstützten DaZ-Unterricht als auch für den sprachsensiblen Musikunterricht geeignet.
Der Einsatz des Hefts ist unabhängig vom Zeitpunkt und von Alter oder Schuljahr der Kinder. Das Material ist dementsprechend für Schülerinnen und Schüler der Klassenstufen 2 bis 6 verwendbar.

Musisch unterstützter DaZ-Unterricht

Wortschatztraining

Zum Üben und Einprägen von Wortschatz und Aussprache ist das Singen eine optimale und nachhaltige Methode, die den Kindern gleichzeitig auch musische Bildung vermittelt. Das gemeinsame Musizieren hilft beim Erwerb der deutschen Sprache und Schrift und vermittelt spielerisch Begriffe aus dem deutschen Grundwortschatz. Auf diese Weise werden Wortschatz und Aussprache intensiv trainiert.
Der Wortschatz des vorliegenden Hefts deckt sich größtenteils mit dem der Übungshefte „Willkommen in Deutschland“ I und II. Daher kann auch die Aussprache der im vorliegenden Heft verwendeten Wörter mit dem Hörangebot unter
www.das-uebungsheft.de/1401-61 und
www.das-uebungsheft.de/1401-62
kontrolliert werden.
Das Heft vermittelt somit einen Wortschatz, der die Anforderungen aller Lehrpläne für Deutsch als Zweitsprache abdeckt.

Aufbau des Hefts

Das Heft „Lieder zum Deutschlernen“ kann als Ergänzung zu den Übungsheften „Willkommen in Deutschland“ I und II (Bestell-Nr. 1401-61 und 1401-62) betrachtet und dementsprechend in direktem Zusammenhang mit diesen Übungsheften erarbeitet werden. Es kann aber auch unabhängig davon als eigenständiges Werk verwendet werden.
Die insgesamt 22 Themen der Übungshefte „Willkommen in Deutschland“ I und II (Vorstellung, Zahlen, Farben usw.) bilden auch im vorliegenden Heft die einzelnen Kapitel. Jedes Kapitel beginnt mit einer Illustration, die in das jeweilige Thema einführt, Gesprächsanlässe bietet und zum dialogischen Austausch einlädt.
Der Illustration folgt ein Lied, dessen Text sich aus dem Grundwortschatz des jeweils zugrundeliegenden Themas zusammensetzt.
Der Liedtext ist einmal direkt dem Notenbild zugeordnet, wird aber in seiner Gesamtheit unter dem Lied noch einmal als Textblock gebündelt wiederholt, um das Lesen zu erleichtern.
Diejenigen Wörter und Wendungen, die über den Grundwortschatz hinausgehen und anhand der Liedtexte neu eingeführt werden, sind im gebündelten Liedtext farbig markiert und werden neben den Textblöcken mit kleinen Illustrationen erläutert und noch einmal in ihrer Grundform aufgeführt.
Nach jedem Lied folgen Aufgaben, um denjenigen Wortschatz, der in diesem Kapitel im Zentrum steht, einzuüben und zu festigen und damit auch das Textverständnis zu vertiefen. Viele Aufgaben laden dazu ein, ihre Schemata mit anderen Beispielen und individuellen Inhalten weiterzuführen. Auf diese Weise werden Gesprächsanlässe gebildet, die die Kinder zur spontanen Anwendung der deutschen Sprache ermutigen.
Die vielfältigen Inhalte dieses Hefts sollen also nicht nur zum Hören, Singen und Schreiben auffordern, sondern auch zum Sprechen. Dies ist wichtig, um eine eventuell falsche Aussprache sogleich korrigieren zu können.
Die Lösungen der Aufgaben können entweder gemeinsam eingetragen oder aber vorbesprochen und dann von den Kindern selbstständig ausgefüllt werden. Die Lösungsseiten finden sich in der Mitte des Hefts, als Beilage zum Herausnehmen. Mithilfe dieser Seiten können die Kinder die Lösungen selbst nachschauen und überprüfen.

Der farbige Silbentrenner beim Lesen und Schreiben

Silben sind die Bausteine der deutschen Wörter. Die zweifarbige Markierung in blau/rot macht die Struktur der deutschen Schrift sichtbar. Das erleichtert das Lesen und das Leseverständnis. Um das richtige Schreiben von Anfang an zu unterstützen, sollten die Kinder auch in zwei Farben schreiben.
Weitere Informationen zur Silbenmethode unter: www.silbenmethode.de.

Farbliche Hinterlegung der Artikel

Die Artikel folgen im Deutschen keiner Regel. Damit sie von Anfang an gemeinsam mit dem Nomen erlernt werden, sind sie in den Aufgaben, die jedem Lied folgen, farblich unterlegt (maskulinum = blau, feminimum = rot, neutrum = grün, Plural = grau). Die Farbhinterlegung erfolgt ausschließlich bei bestimmten und unbestimmten Artikeln im Nominativ.

Sprachsensibler Musikunterricht

Freude am gemeinsamen Musizieren

Musikalische Betätigung bereitet Freude und steigert die Nachhaltigkeit des Lernens. Zudem baut Musik Brücken über Sprachbarrieren hinweg und unterstützt Integrationsprozesse vielschichtig, da sie den Menschen ganzheitlich anspricht. So kann das Singen den oft sprachlich wie persönlich heterogenen DaZ-Lerngruppen zu einem neuen Gemeinschaftsgefühl verhelfen.
Für die Schülerinnen und Schüler sollte die Gesangsbegeisterung zunächst wichtiger als die exakte Intonation sein. Hinweise zur genauen Übernahme der angegebenen Töne dürfen zwar kontinuierlich, aber nicht penetrant gegeben werden. Vor allem im

ersten Vierteljahr hat das Wecken und Zulassen der Freude am Singen im neuen Kulturkreis identitätsstiftenden und sogar therapeutischen Charakter und ist daher wichtiger als jede Form von musikalischer Korrektheit. Nach einigen Monaten ist dann hörbar, dass den Kindern das europäische Tonsystem immer vertrauter wird. Dabei können erlebte musikalische Phänomene bei oder nach einer Liedeinstudierung stets mit wenigen Worten bewusst gemacht werden. Zugleich werden Fachbegriffe, wie z.B. Takt oder Tonleiter (vgl. Inhaltsverzeichnis ➔ Mögliche Musik-Lernziele), eingeführt, und auch über die Herkunft der Liedmelodien darf reflektiert werden.

Lieder zum Deutschlernen – leicht gemacht

Die in diesem Heft verwendeten Melodien sind größtenteils dem europäischen Volksliedgut entnommen oder beruhen auf bekannten klassichen Musikstücken, sodass auch Fachfremde schnell einen Bezug zu der hier thematisierten Musik finden werden:

Wollt ihr wissen?	aus Deutschland
Es geht eine Zipfelmütz'	aus Deutschland
Grün, grün, grün sind alle meine Kleider	aus Brandenburg
Muss i denn zum Städtele hinaus	aus Schwaben
I like the flowers	aus England
Head and shoulders	aus England
Meine Oma fährt im Hühnerstall Motorrad	von Robert Steidl
Le coq est mort	aus Frankreich
Tiritomba	aus Neapel
Werft 'nen Heller	aus Serbien
Auf, du junger Wandersmann	aus Franken
Ah, vous dirai-je, Maman	aus Frankreich
Freude, schöner Götterfunken	von Ludwig van Beethoven
Was wollen wir trinken?	aus der Bretagne
Spannenlanger Hansel, nudeldicke Dirn	aus Deutschland
Drunt' in der grünen Au	aus Schwaben
La mar estaba salada	aus Spanien
Komm, lieber Mai	von Wolfgang Amadeus Mozart
Schnadahüpfln	aus Bayern
Auf der schwäb'schen Eisebahne	aus Schwaben
Im Frühtau zu Berge	aus Schweden
Jetzt fahr'n wir über'n See	aus Tschechien

Aufgrund ihres Bekanntheitsgrads unterstützen die hier ausgewählten Melodien somit auch den Integrationsprozess auf kultureller Ebene.

Die Tonarten der Lieder sind bewusst auf C-Dur (keine Vorzeichen) und G-Dur/e-Moll (ein Kreuz # als Vorzeichen = fis) beschränkt.

Die direkt über den Noten sitzenden Begleitakkorde wurden so gewählt, dass sowohl Anfänger als auch Fortgeschrittene den Klassengesang gut unterstützen können.
Ebenso werden die gängigsten Taktarten wie 4/4-, 3/4-, 2/4- und 6/8-Takt verwendet.
Bei Kanons ist der Einsatz immer auf die Zählzeit 1, sodass auch Fachfremde die Kinder gut anleiten oder begleiten können.
Direkt unter den Noten stehen Solmisations-Silben (s.u. Relative Solmisation), die mit bestimmten Handzeichen von der Lehrkraft angezeigt werden können. Die Einübung der Lieder anhand der Solmisation erleichtert den Zugang zur Musik und hilft beim Erlernen der Melodien.
Der Apostroph wird hier und da in Liedtexten eingesetzt, wenn Vokale weggelassen werden müssen, damit die Worte zum korrekten Sprachrhythmus der Melodie passen. Die Auslassungen wurden stets so gewählt, dass die Formulierung der deutschen Alltagssprache entspricht.

Relative Solmisation

Um die Kinder über Gehör und Notenschrift an unser westeuropäisches temperiert-diatonisches, dur-moll-tonales Musiksystem heranzuführen, empfiehlt sich der Einsatz der sogenannten relativen Solmisation (= Tonika-Do-Methode), die von Guido von Arezzo (992-1050) bis Zoltan Kodaly (1882-1967) entwickelt und in den letzten Jahren von Ralf Schnitzer für den Schulunterricht systematisch aufbereitet wurde. Bei dieser Methode ist die Silbe „do" stets der Grundton einer Dur-Tonart. Bei C-Dur z.B. entspricht die Silbe „do" also dem Ton c. Die weiteren Solmisations-Silben lauten „re", „mi", „fa", „so", „la" und „ti" und entsprechen den weiteren Tönen der jeweiligen Tonleiter. Bei C-Dur sieht die Tonleiter mit Solmisations-Silben also wie folgt aus:

c	d	e	f	g	a	h	c
do	re	mi	fa	so	la	ti	do

Bei G-Dur lautet die Tonleiter mit Solmisations-Silben dementsprechend so:

g	a	h	c	d	e	fis	g
do	re	mi	fa	so	la	ti	do

Manche Kinder aus dem romanischsprachigen oder orientalischen Raum kennen die Solmisations-Silben do – re – mi – fa – so – la – ti – do bereits und verwenden sie als absolute Tonnamen entsprechend der im deutschen Sprachraum verwendeten Tonnamen c, d, e usw. Daher stellt die Verwendung der Silben für sie kein Problem dar, sondern bietet sogar eine zusätzliche Unterstützung beim Erlernen der Melodie.
Die Handzeichen und Silben helfen den Kindern, ein Gefühl für den Grundton zu entwickeln. Jede Silbe steht dabei für eine Stufe in einer Dur-Tonleiter: „do" ist immer der Grundton (1. Stufe, Handzeichen: Faust), zu dem die Melodie letztlich zurückkehrt. Eine Quin-

te über dem Grundton liegt das „so“ (5. Stufe, Handzeichen: Handfläche senkrecht). In der Mitte zwischen diesen beiden Rahmentönen unseres Tonsystems liegt die Terz „mi“ (3. Stufe, Handzeichen: Handfläche waagrecht). Der Leitton „ti“ (7. Stufe, Handzeichen: Zeigefinger zeigt nach oben) zielt in den darüberliegenden Grundton „do“. Der Gleitton „fa“ (4. Stufe, Handzeichen: Daumen zeigt nach unten) zielt in die darunterliegende Terz „mi“. Mit dem „re“ (2. Stufe, Handzeichen: schräg nach oben zeigende Handfläche) und dem „la“ (6. Stufe, Handzeichen: hängende Hand) wird die Tonleiter vollständig.

C-Dur:

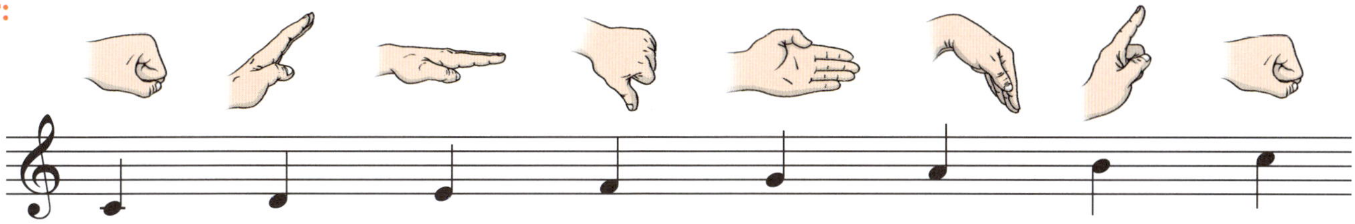

Silbe:	do	re	mi	fa	so	la	ti	do
Ton:	c	d	e	f	g	a	h	c
Stufe:	1	2	3	4	5	6	7	8

G-Dur:

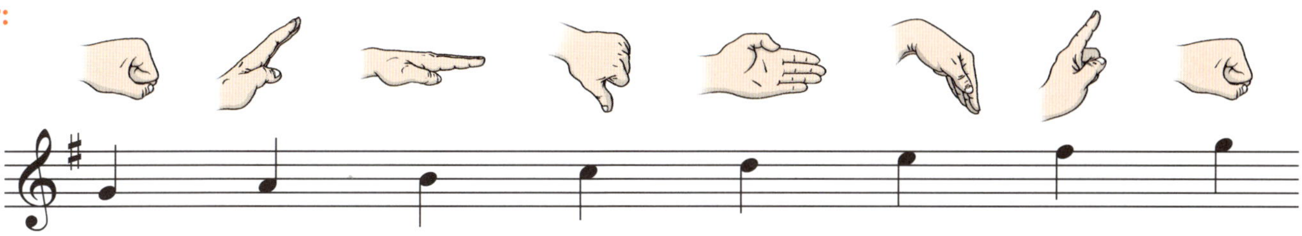

Silbe:	do	re	mi	fa	so	la	ti	do
Ton:	g	a	h	c	d	e	fis	g
Stufe:	1	2	3	4	5	6	7	8

Lernen mit möglichst vielen Sinnen

Die Melodien sollen gehört und mitgesungen, die Texte darüber hinaus gelesen, artikuliert und verstanden werden. Bewegungen (Solmisation/gestische Darstellung) unterstützen den Lernprozess ebenso.
Infolgedessen bieten sich 6 Schritte der Liedeinübung an:

1. Hören des Lieds (Lehrkraft oder CD)
2. Solmisation der Melodie mit Handzeichen
3. Vor- und Nachsprechen des Textes oder einzelner schwieriger Wörter
4. Lesen des Textes
5. Vor- und Nachsingen des Textes
6. gestisches Darstellen des Textes

Audio-CD zur Ergänzung

Zum Heft gehört eine Audio-CD (Bestell-Nr. 1401-48), auf der sämtliche Lieder und deren Play-back-Versionen enthalten sind. Die CD kann sowohl bei der Vorbereitung auf den Unterricht helfen als auch direkt in der Klasse eingesetzt werden und erleichtert so vor allem Fachfremden das Musizieren.

Interkultureller Dialog

Wenn sich die neu im deutschen Sprachraum lebenden Kinder einige Monate lang intensiv mit dem europäischen Liedgut auseinandergesetzt haben, sollte man ihnen den Raum gewähren, selbst Lieder aus ihrer eigenen Heimat zu singen. Auf diese Weise kommt es zu einem interkulturellen Dialog und zur Bildung von Toleranz. Davon ausgehend kann eine Mischung von europäischen und außereuropäischen Liedern im Rahmen eines Schulfests aufgeführt werden.

Guten Morgen, wie heißt du?

nach der Melodie von „Wollt ihr wissen?“

(alle)	Guten Morgen, guten Morgen!
	Wie heißt du? Wie alt bist du?
(einer)	Ich heiße Lisa, ich bin neun Jahre alt.
(alle)	Guten Morgen, hallo!

guten Morgen

1

Hallo. Ich heiße Lisa.
Ich bin 9 Jahre alt.
Wie heißt du?
Wie alt bist du?

Hallo.
Ich heiße Jakob.
Ich bin 8 Jahre alt.

Hallo. Ich heiße Anna.
Ich bin 10 Jahre alt.
Wie heißt du?
Wie alt bist du?

Hallo.

Ich heiße ____________.

Ich bin ______ Jahre alt.

David, 9

Peter, 8

Hallo.

Ich heiße ____________.

Ich bin ______ Jahre alt.

Wie heißt du? Wie alt bist du?

Hallo.

Ich ____________ ____________.

Ich bin ______ Jahre alt.

2

Das ist Sophie.
Sie ist ein Mädchen
und 12 Jahre alt.

Michael, 7

Das ist Michael. Er ist ein Junge und 7 Jahre alt.

Diana, 9

Das ist ____________. Sie ist ein ____________ und ______ Jahre alt.

Paul, 8

Das ist ____________. Er ist ein ____________ und ______ Jahre alt.

Peter ist sieben Jahre alt

nach der Melodie von „Es geht eine Zipfelmütz'"

Du heißt Peter, du bist sieben Jahre alt.
Du heißt Peter, bist sieben Jahre alt.
Eins, zwei, drei, vier, fünf, sechs, sieben,
ich bin acht und du bist sieben.
Eins, zwei, drei, vier, fünf,
fünf, vier, drei, zwei, eins.
Du heißt Peter, du bist sieben Jahre alt.
Du heißt Peter, bist sieben Jahre alt.
Drei plus vier gleich sieben,
drei plus vier plus eins gleich acht.
Drei plus vier plus zwei gleich neun,
fünf plus fünf gleich zehn.
Du heißt Peter, du bist sieben Jahre alt.
Du heißt Peter, bist sieben Jahre alt.

+ plus

= gleich

1

1 + 2 + 3 = 6 — eins plus zwei plus drei gleich sechs

3 + 4 = ______ — ______ plus ______ gleich ______

3 + 4 + 1 = ______ — ______ plus ______ plus ______ gleich ______

3 + 4 + 2 = ______ — ______ plus ______ plus ______ gleich ______

5 + 5 = ______ — ______ plus ______ gleich ______

2

12 + 6 = 18 — zwölf plus sechs gleich ______

14 + 2 = ______ — ______ plus ______ gleich ______

______ + ______ = ______ — ______ plus ______ gleich ______

3

zwei –	vier –	sechs –	acht –	zehn
drei –	sechs –	______ –	______ –	fünfzehn
vier –	______ –	zwölf –	______ –	______
fünf –	______ –	______ –	zwanzig	

Grüne Wiesen, blauer Himmel

nach der Melodie von „Grün, grün, grün sind alle meine Kleider"

1. Grün, grün, grün sind alle meine Kleider,
   grün, grün, grün ist alles, was ich trag'.
   Ich mag alles, alles, was so grün ist,
   weil ich gern auf grüne Wiesen geh'.

2. Blau, blau, blau sind alle meine Kleider,
   blau, blau, blau ist alles, was ich trag'.
   Ich mag alles, alles, was so blau ist,
   weil ich gern den blauen Himmel seh'.

3. Weiß, weiß, weiß sind alle meine Kleider,
   weiß, weiß, weiß ist alles, was ich trag'.
   Ich mag alles, alles, was so weiß ist,
   weil ich gerne Schlitten fahr' im Schnee.

4. Gelb, gelb, gelb sind alle meine Kleider,
   gelb, gelb, gelb ist alles, was ich trag'.
   Ich mag alles, alles, was so gelb ist,
   weil ich gern die Sonne scheinen seh'.

 die Kleider

 tragen

 die Wiese

 der Himmel

 Schlitten fahren

 der Schnee

 die Sonne scheint

1

Welche Farbe haben deine Kleider?
Was machst du gern?

Meine Kleider sind  grün.

Ich geh' gern auf  grüne  Wiesen.

Meine Kleider sind  ________.

Ich seh' gern den  ________  ________.

Meine Kleider sind  ________.

Ich fahr' gerne  ________ im  ________.

Meine Kleider sind  ________.

Ich seh' gern die  ________ ________.

2

gelb

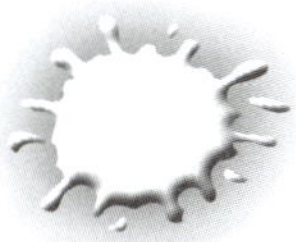
weiß

orange

rot

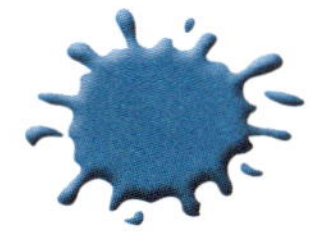
blau

grün

rosa

blau

orange

rosa

gelb

grün

blau

weiß

rot

3

 Die Hose ist ____________.

 ________ Pullover ist ____________.

 ________ Socken sind ____________.

 ________ Handschuhe sind ____________.

 ________ Jacke ist ____________.

 ________ T-Shirt ist ____________.

 ________ Mütze ist ____________.

 ________ Kappe ist ____________.

Buntstift, Füller und noch mehr

nach der Melodie von „Muss i denn zum Städtele hinaus“

1. A: Kann ich bitte, kann ich bitte den Buntstift haben, Buntstift haben?
   B: Ja, gerne.
   A: Danke.
   B: Bitte.
   A: Kann ich bitte, kann ich bitte das Liederheft haben, Liederheft haben?
   B: Ja, gerne.
   A: Danke.
   B: Bitte.
   A: Gibst du mir bitte auch das Lineal?
   B: Schau mal, drüben liegt es im Regal!
   A: Kann ich bitte, kann ich bitte den Klebstoff haben, Klebstoff haben?
   B: Ja, gerne.
   A: Danke.
   B: Bitte.

2. A: Kann ich bitte, kann ich bitte den Füller haben, Füller haben?
   B: Ja, gerne.
   A: Danke.
   B: Bitte.
   A: Kann ich bitte, kann ich bitte die Schere haben, Schere haben?
   B: Ja, gerne.
   A: Danke.
   B: Bitte.
   A: Gibst du mir bitte auch den Computer?
   B: Leider nein, mit dem lernt mein großer Bruder.
   A: Kann ich bitte, kann ich bitte den Bleistift haben, Bleistift haben?
   B: Ja, gerne.
   A: Danke.
   B: Bitte.

geben

1

2

Ich  male mit dem  Buntstift.

Ich  __________ mit dem  __________.

Ich 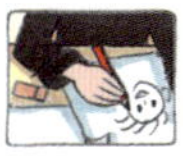 __________ mit dem 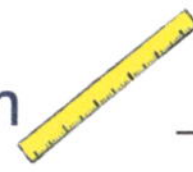 __________.

Ich  __________ mit dem  __________.

Ich  __________ mit dem 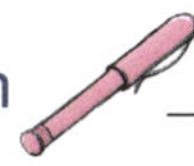 __________.

Ich 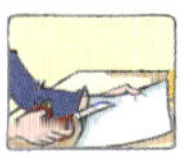 __________ mit der  __________.

3

~~essen~~

hüpfen

~~lesen~~

turnen

rechnen

rennen

spielen

sprechen

zuhören

trinken

schauen

Im Unterricht	In der Pause
lesen	essen

Ich mag den Seehund

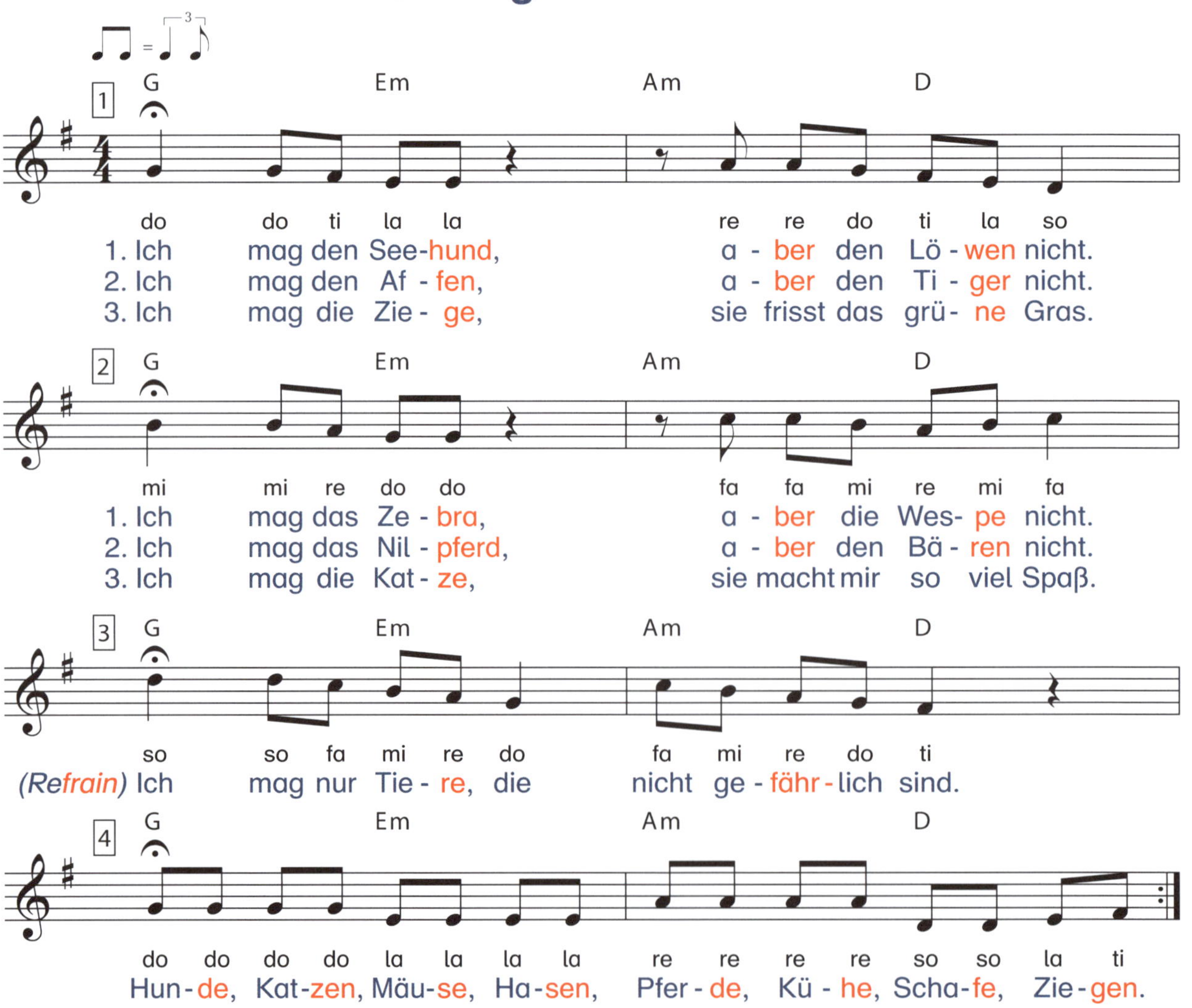

nach der Melodie von „I like the flowers“

1. Ich mag den Seehund, aber den Löwen nicht.
   Ich mag das Zebra, aber die Wespe nicht.

2. Ich mag den Affen, aber den Tiger nicht.
   Ich mag das Nilpferd, aber den Bären nicht.

3. Ich mag die Ziege, sie frisst das grüne Gras.
   Ich mag die Katze, sie macht mir so viel Spaß.

(Refrain) Ich mag nur Tiere, die nicht gefährlich sind.
Hunde, Katzen, Mäuse, Hasen, Pferde, Kühe, Schafe, Ziegen.

viel Spaß

1

 Der Seehund ist nicht gefährlich.

 Das ______ ist nicht gefährlich.

 Die ______ ist nicht gefährlich.

 ______ ______ ist nicht gefährlich.

 ______ ______ ist nicht gefährlich.

 ______ ______ ist nicht gefährlich.

2

 ______ Tiger ist gefährlich.

 ______ ______ ist gefährlich.

 ______ ______ ist gefährlich.

 ______ ______ ist gefährlich.

3

 der T I G E R (1)

 ______ _ _ _ _ _ _ _ _ (2)

 ______ _ _ _ _ _ _ _ (3)

 ______ _ _ _ _ _ (4)

 ______ _ _ _ _ (5)

Die Lösung: _ _ _ _ _ (1 2 3 4 5)

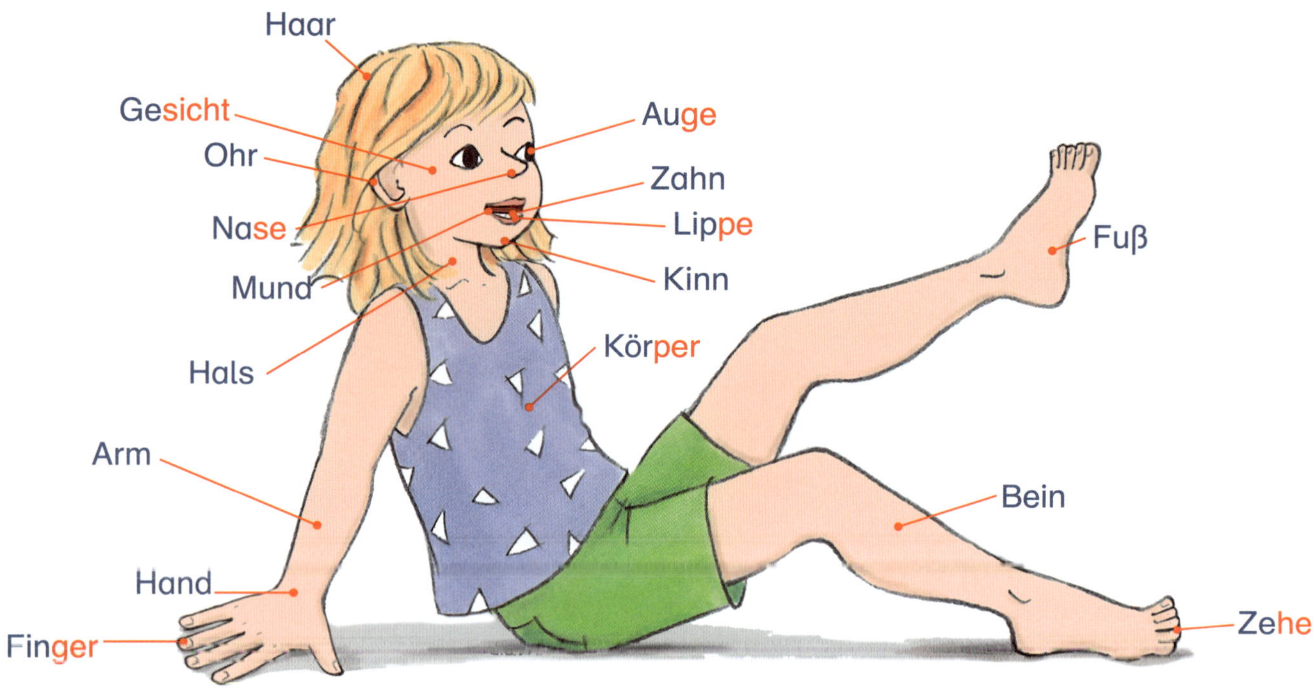

Haare, Augen, Nase, Mund

nach der Melodie von „Head and shoulders“

1. Haare, Augen, Nase, Mund, Nase, Mund,
Haare, Augen, Nase, Mund, Nase, Mund und
Zähne, Lippen, Kinn im Gesicht,
Haare, Augen, Nase, Mund, Nase, Mund.

2. Haare, Ohren, Hals und Arme, Hals und Arme.
Haare, Ohren, Hals und Arme, Hals und Arme und
Hände, Finger, Füße, Zehen,
Haare, Ohren, Hals und Arme, Hals und Arme.

1

NASE|HÄNDEAUGENLIPPENZÄHNEOHRENKINNFINGERMUNDHAAREZEHENARMEHALSFÜßE

2

Haare kämmen

Hände waschen

Zähne putzen

Gesicht abtrocknen

3

4

~~hören~~ tasten sehen riechen

Ich  höre mit meinen 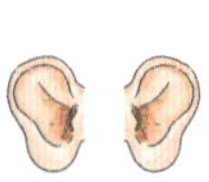 Ohren.

Ich  ____________ mit meiner 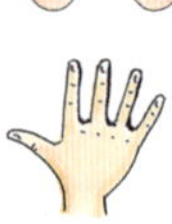 ____________.

Ich  ____________ mit meinen  ____________.

Ich  ____________ mit meiner  ____________.

Dianas Schrank

so	so		mi	re	do	ti	re	do	ti	la	so		mi
1. In	Di	-	a -	nas	Schrank,	da	lie -	gen	grü -	ne	So	-	cken,
2. In	Di	-	a -	nas	Schrank,	da	hängt	ein	gel -	bes	T	-	Shirt,
3. In	Di	-	a -	nas	Schrank	liegt	ei -	ne	ro -	sa	Müt	-	ze,
4. Vor	Di	-	a -	nas	Schrank,	da	ste -	hen	grau -	e	Schu	-	he,

so	so	fa		re	la	la	so		mi
1. grü -	ne	So	-	cken,	grü -	ne	So	-	cken.
2. gel -	bes	T	-	Shirt,	gel -	bes	T	-	Shirt.
3. ro -	sa	Müt	-	ze,	ro -	sa	Müt	-	ze.
4. grau -	e	Schu	-	he,	grau -	e	Schu	-	he.

so	so		mi	re	do	ti	re	do	ti	la	so		mi
1. In	Di	-	a -	nas	Schrank,	da	lie -	gen	grü -	ne	So	-	cken,
2. In	Di	-	a -	nas	Schrank,	da	hängt	ein	gel -	bes	T	-	Shirt,
3. In	Di	-	a -	nas	Schrank	liegt	ei -	ne	ro -	sa	Müt	-	ze,
4. Vor	Di	-	a -	nas	Schrank,	da	ste -	hen	grau -	e	Schu	-	he,

so	la	la	la	la	ti	ti	la	ti	do
1. doch	lei -	der	sind	die	So -	cken	viel	zu	kurz.
2. doch	lei -	der	ist	das	T -	Shirt	viel	zu	lang.
3. doch	lei -	der	ist	die	Müt -	ze	viel	zu	weit.
4. doch	lei -	der	sind	die	Schu -	he	viel	zu	eng.

nach der Melodie von „Meine Oma fährt im Hühnerstall Motorrad“

1. In Dianas Schrank, da liegen grüne Socken,
   grüne Socken, grüne Socken.
   In Dianas Schrank, da liegen grüne Socken,
   doch leider sind die Socken viel zu kurz.

2. In Dianas Schrank, da hängt ein gelbes T-Shirt,
   gelbes T-Shirt, gelbes T-Shirt.
   In Dianas Schrank, da hängt ein gelbes T-Shirt,
   doch leider ist das T-Shirt viel zu lang.

3. In Dianas Schrank liegt eine rosa Mütze,
   rosa Mütze, rosa Mütze.
   In Dianas Schrank liegt eine rosa Mütze,
   doch leider ist die Mütze viel zu weit.

4. Vor Dianas Schrank, da stehen graue Schuhe,
   graue Schuhe, graue Schuhe.
   Vor Dianas Schrank, da stehen graue Schuhe,
   doch leider sind die Schuhe viel zu eng.

 viel zu kurz

 viel zu lang

 viel zu weit

 viel zu eng

1

Wo sind die Kleider?

Die Kleider sind in  Dianas ______________.

Was hängt in Dianas Schrank?

In Dianas Schrank hängt ein  gelbes  ______________.

Was liegt in Dianas Schrank?

In Dianas Schrank liegen  ______________  ______________.

Wo stehen die Schuhe?

Die Schuhe stehen vor  ______________ ______________.

2

Wie sind Dianas Sachen?

Dianas  Socken sind  viel zu kurz.

Dianas  ______________ ist  ________ ________ ________.

Dianas  ______________ ist  ________ ________ ________.

Dianas  ______________ sind  ________ ________ ________.

Mein Bauch tut weh

nach der Melodie von „Le coq est mort“

1. Mein Bauch tut weh, mein Bauch tut weh.
   Mein Bauch tut weh, mein Bauch tut weh.
   Ich kann nicht essen, kann nicht trinken, ich bin krank.
   Ich kann nicht essen, kann nicht trinken, ich bin krank.

2. Mein Fuß tut weh, mein Fuß tut weh.
   Mein Fuß tut weh, mein Fuß tut weh.
   Ich kann nicht gehen, kann nicht stehen, ich bin krank.
   Ich kann nicht gehen, kann nicht stehen, ich bin krank.

3. Mein Kopf tut weh, mein Kopf tut weh.
   Mein Kopf tut weh, mein Kopf tut weh.
   Ich kann nicht denken, kann nicht rechnen, ich bin krank.
   Ich kann nicht denken, kann nicht rechnen, ich bin krank.

(Refrain) Ich lieg' im Bett, bin so krank, bin so krank.

 nicht

 stehen

 denken

1

Kannst du essen? – Nein, mein ___Bauch___ tut weh.

Kannst du  ___trinken___? – Nein, mein  ______________ tut weh.

Kannst du  ___gehen___? – _______, mein 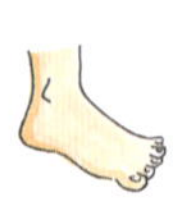 ______________ _______ _______.

Kannst du  ______________? – _______, mein 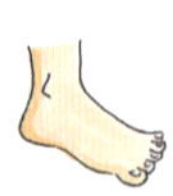 ______________ _______ _______.

Kannst du  ______________? – _______, mein  ______________ _______ _______.

Kannst du  ______________? – _______, mein  ______________ _______ _______.

Kannst du  ______________? – _______, mein  ______________ _______ _______.

Kannst du  ______________? – _______, meine  ______________ _______ _______.

2

Bein

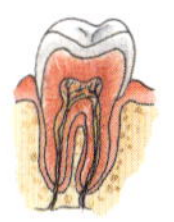
Zahn

Arm

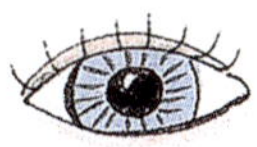
Auge

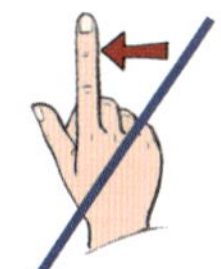
Finger

hüpfen

turnen

trinken

fühlen

lesen

essen

tasten

schauen

klettern

rennen

 Mein  Bein tut weh. Ich kann nicht  hüpfen

und nicht  rennen.

 ______ ____________ tut weh. Ich kann ______ ____________

und ______ ____________.

 ______ ____________ ______ ______. Ich ______ ______

____________ und ______ ____________.

 ______ ____________ ______ ______. Ich ______ ______

____________ und ______ ____________.

 ______ ____________ ______ ______. Ich ______ ______

____________ und ______ ____________.

Meine Familie und ich

nach der Melodie von „Tiritomba“

1. Schau! Der Junge mit der Mütze ist mein Bruder,
   er heißt Peter und dort steht er.
   Schau! Das Mädchen mit dem Kleid ist meine Schwester,
   sie heißt Hanna, spielt mit Anna.

2. Schau! Der Mann hier mit der Schürze ist mein Vater,
   er heißt Jochen, kann gut kochen.
   Schau! Die Frau am Tisch dort ist meine Mutter,
   sie heißt Jutta, schreibt Computer.

3. Schau! Der Mann hier mit dem Hut, das ist mein Opa,
   er heißt Matze, hat ’ne Glatze.
   Schau! Die Frau hier mit dem Stift ist meine Oma,
   heißt Mathilda, malt gern Bilder.

(Refrain) Das ist meine Familie.
wo mich Papa, Mama, Oma, Opa liebt.
Das ist meine Familie,
ich bin froh, dass es sie gibt.

stehen

die Schürze

kochen

der Hut

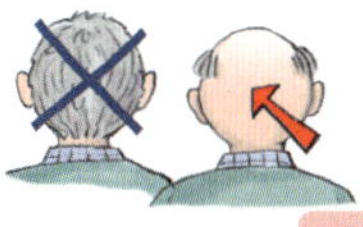
die Glatze

das Bild

9. Familie

1

 Peter ist mein ___Bruder___.

 Hanna ist meine ______________.

Meine  ______________ heißt Jutta.

Mein  ______________ heißt Jochen.

Ich sage „Mama“ und „______________“ zu ihnen.

Meine  ______________ heißt Mathilda.

Mein  ______________ heißt Matze.

2

Peter hat eine  ___Mütze___ auf dem Kopf.

Opa hat einen  ______________ in der Hand.

Mama  ______________ mit dem Computer.

Papa kann gut  ______________.

Oma malt gern  ______________.

3

Meine ___Schwester___ heißt ___Djamila___.

Mein ______________ heißt ______________.

Meine ______________ heißt ______________.

Mein ______________ ______________ ______________.

Meine ______________ ______________ ______________.

Zum Geburtstag wünsch' ich mir

nach der Melodie von „Werft 'nen Heller“

1. Zum Geburtstag wünsch' ich mir ein Skateboard,
   und die Mama schenkt mir einen Ball.
2. Zum Geburtstag wünsch' ich mir ein Skateboard,
   Lisa sagt: „Ich schenke dir ein Spiel."
3. Wenn der Wind weht, fliegt mein bunter Drachen,
   und er winkt dir von hoch oben zu.

(Refrain) Auf dem Spielplatz ist es schön, wir fahren Karussell, hey!
Auf dem Spielplatz ist es schön, wir fahren Karussell.

wünschen

wehen

1

David wünscht sich zum Geburtstag ein  Skateboard.

Mama schenkt David einen  ____________.

Lisa schenkt David ein 

____________.

Wenn der Wind weht, fliegt Davids bunter  ____________.

Auf dem Spielplatz fahren die Kinder  ____________.

2

Was wünschst du dir zum Geburtstag?

Ich wünsche mir

____________,

____________,

____________.

Willkommen in Deutschland – Lieder zum Deutschlernen – Lösungen (Seite 6–9)

Guten Morgen, wie heißt du?

nach der Melodie von „Wollt ihr wissen?“

(alle)	Guten Morgen, guten Morgen!
	Wie heißt du? Wie alt bist du?
(einer)	Ich heiße Lisa, ich bin neun Jahre alt.
(alle)	Guten Morgen, hallo!

guten Morgen

1

Hallo. Ich heiße Lisa. Ich bin 9 Jahre alt. Wie heißt du? Wie alt bist du?

Hallo. Ich heiße Jakob. Ich bin 8 Jahre alt.

Hallo. Ich heiße Anna. Ich bin 10 Jahre alt. Wie heißt du? Wie alt bist du?

David, 9

Hallo. Ich heiße David. Ich bin 9 Jahre alt.

Peter, 8

Hallo. Ich heiße Peter. Ich bin 8 Jahre alt. Wie heißt du? Wie alt bist du?

Hallo. Ich (individuelle L.). Ich bin (i. L.) Jahre alt.

2

Das ist Sophie. Sie ist ein Mädchen und 12 Jahre alt.

Michael, 7 – Das ist Michael. Er ist ein Junge und 7 Jahre alt.

Diana, 9 – Das ist Diana. Sie ist ein Mädchen und 9 Jahre alt.

Paul, 8 – Das ist Paul. Er ist ein Junge und 8 Jahre alt.

Peter ist sieben Jahre alt

nach der Melodie von „Es geht eine Zipfelmütz“

Du heißt Peter, du bist sieben Jahre alt.
Du heißt Peter, bist sieben Jahre alt.
Eins, zwei, drei, vier, fünf, sechs, sieben,
ich bin acht und du bist sieben.
Eins, zwei, drei, vier, fünf,
fünf, vier, drei, zwei, eins.
Du heißt Peter, du bist sieben Jahre alt.
Du heißt Peter, bist sieben Jahre alt.
Drei plus vier gleich sieben,
drei plus vier plus eins gleich acht.
Drei plus vier plus zwei gleich neun,
fünf plus fünf gleich zehn.
Du heißt Peter, du bist sieben Jahre alt.
Du heißt Peter, bist sieben Jahre alt.

+ plus

= gleich

1

1 + 2 + 3 = 6	eins plus zwei plus drei gleich sechs
3 + 4 = 7	drei plus vier gleich sieben
3 + 4 + 1 = 8	drei plus vier plus eins gleich acht
3 + 4 + 2 = 9	drei plus vier plus zwei gleich neun
5 + 5 = 10	fünf plus fünf gleich zehn

2

12 + 6 = 18	zwölf plus sechs gleich achtzehn
14 + 2 = 16	vierzehn plus zwei gleich sechzehn
(i. L.) + (i. L.) = (i. L.)	(i. L.) plus (i. L.) gleich (i. L.)

3

zwei	–	vier	–	sechs	–	acht	–	zehn
drei	–	sechs	–	neun	–	zwölf	–	fünfzehn
vier	–	acht	–	zwölf	–	sechzehn	–	zwanzig
fünf	–	zehn	–	fünfzehn	–	zwanzig		

Grüne Wiesen, blauer Himmel

nach der Melodie von „Grün, grün, grün sind alle meine Kleider"

1. Grün, grün, grün sind alle meine Kleider,
grün, grün, grün ist alles, was ich trag'.
Ich mag alles, alles, was so grün ist,
weil ich gern auf grüne Wiesen geh'.

2. Blau, blau, blau sind alle meine Kleider,
blau, blau, blau ist alles, was ich trag'.
Ich mag alles, alles, was so blau ist,
weil ich gern den blauen Himmel seh'.

3. Weiß, weiß, weiß sind alle meine Kleider,
weiß, weiß, weiß ist alles, was ich trag'.
Ich mag alles, alles, was so weiß ist,
weil ich gerne Schlitten fahr' im Schnee.

4. Gelb, gelb, gelb sind alle meine Kleider,
gelb, gelb, gelb ist alles, was ich trag'.
Ich mag alles, alles, was so gelb ist,
weil ich gern die Sonne scheinen seh'.

die Kleider
tragen
die Wiese
der Himmel
Schlitten fahren
der Schnee
die Sonne scheint

1

Welche Farbe haben deine Kleider?
Was machst du gern?

Meine Kleider sind grün.
Ich geh' gern auf grüne Wiesen.

Meine Kleider sind blau.
Ich seh' gern den blauen Himmel.

Meine Kleider sind weiß.
Ich fahr' gerne Schlitten im Schnee.

Meine Kleider sind gelb.
Ich seh' gern die Sonne scheinen.

2

3

Die Hose ist blau.	Die Jacke ist orange.
Der Pullover ist rot.	Das T-Shirt ist gelb.
Die Socken sind grün.	Die Mütze ist rosa.
Die Handschuhe sind weiß.	Die Kappe ist grün.

Willkommen in Deutschland – Lieder zum Deutschlernen – Lösungen (Seite 14–17)

Buntstift, Füller und noch mehr

nach der Melodie von „Muss i denn zum Städtele hinaus"

1. A: Kann ich bitte, kann ich bitte den Buntstift haben, Buntstift haben?
B: Ja, gerne.
A: Danke.
B: Bitte.
A: Kann ich bitte, kann ich bitte das Liederheft haben, Liederheft haben?
B: Ja, gerne.
A: Danke.
B: Bitte.
A: Gibst du mir bitte auch das Lineal?
B: Schau mal, drüben liegt es im Regal!
A: Kann ich bitte, kann ich bitte den Klebstoff haben, Klebstoff haben?
B: Ja, gerne.
A: Danke.
B: Bitte.

2. A: Kann ich bitte, kann ich bitte den Füller haben, Füller haben?
B: Ja, gerne.
A: Danke.
B: Bitte.
A: Kann ich bitte, kann ich bitte die Schere haben, Schere haben?
B: Ja, gerne.
A: Danke.
B: Bitte.
A: Gibst du mir bitte auch den Computer?
B: Leider nein, mit dem lernt mein großer Bruder.
A: Kann ich bitte, kann ich bitte den Bleistift haben, Bleistift haben?
B: Ja, gerne.
A: Danke.
B: Bitte.

geben

1

2

Ich male mit dem Buntstift.
Ich singe mit dem Liederheft.
Ich zeichne mit dem Lineal.
Ich bastle mit dem Klebstoff.
Ich schreibe mit dem Füller.
Ich schneide mit der Schere.

3

Im Unterricht	In der Pause
lesen	essen
rechnen	hüpfen
sprechen	turnen
zuhören	rennen
schauen	spielen
	trinken

Willkommen in Deutschland – Lieder zum Deutschlernen – Lösungen (Seite 18–21)

Ich mag den Seehund

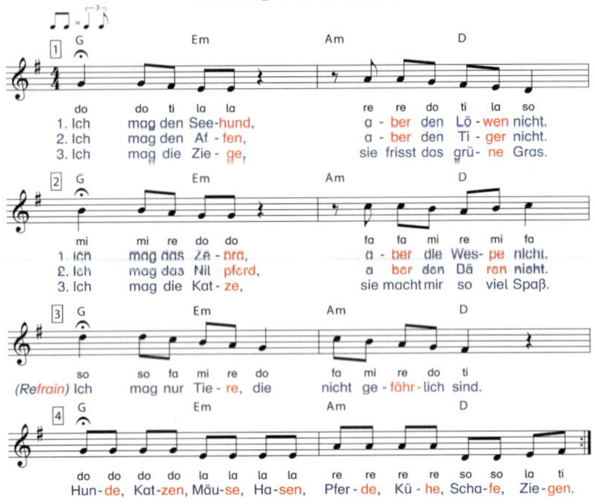

nach der Melodie von „I like the flowers"

5. Tiere

1. Ich mag den Seehund, aber den Löwen nicht.
   Ich mag das Zebra, aber die Wespe nicht.
2. Ich mag den Affen, aber den Tiger nicht.
   Ich mag das Nilpferd, aber den Bären nicht.
3. Ich mag die Ziege, sie frisst das grüne Gras.
   Ich mag die Katze, sie macht mir so viel Spaß.

(Refrain) Ich mag nur Tiere, die nicht gefährlich sind.
Hunde, Katzen, Mäuse, Hasen, Pferde, Kühe, Schafe, Ziegen.

viel Spaß

1

Der Seehund ist nicht gefährlich.
Das Nilpferd ist nicht gefährlich.
Die Ziege ist nicht gefährlich.
Das Zebra ist nicht gefährlich.
Die Katze ist nicht gefährlich.
Der Affe ist nicht gefährlich.

2

Der Tiger ist gefährlich.
Die Wespe ist gefährlich.
Der Löwe ist gefährlich.
Der Bär ist gefährlich.

3

der T I G E R (1)
das N I L P F E R D (2)
der S E E H U N D (3)
das Z E B R A (4)
der A F F E (5)

Die Lösung: T I E R E (1 2 3 4 5)

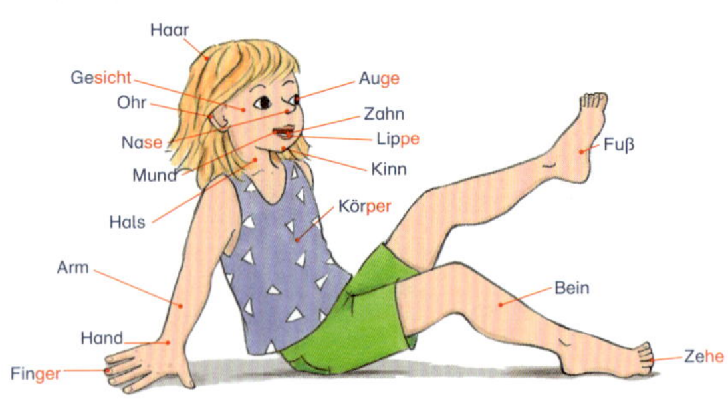

Haare, Augen, Nase, Mund

nach der Melodie von „Head and shoulders"

6. Mein Körper

1. Haare, Augen, Nase, Mund, Nase, Mund,
   Haare, Augen, Nase, Mund, Nase, Mund und
   Zähne, Lippen, Kinn im Gesicht,
   Haare, Augen, Nase, Mund, Nase, Mund.
2. Haare, Ohren, Hals und Arme, Hals und Arme,
   Haare, Ohren, Hals und Arme, Hals und Arme und
   Hände, Finger, Füße, Zehen,
   Haare, Ohren, Hals und Arme, Hals und Arme.

1

NASE | HÄNDE | AUGEN | LIPPEN | ZÄHNE | OHREN | KINN | FINGER | MUND | HAARE | ZEHEN | ARME | HALS | FÜßE

2

Haare kämmen — Hände waschen — Zähne putzen — Gesicht abtrocknen

Willkommen in Deutschland – Lieder zum Deutschlernen – Lösungen (Seite 22–25)

6. Mein Körper

3

4

Ich höre mit meinen Ohren.

Ich taste mit meiner Hand.

Ich sehe mit meinen Augen.

Ich rieche mit meiner Nase.

7. Kleidung

Dianas Schrank

nach der Melodie von „Meine Oma fährt im Hühnerstall Motorrad"

7. Kleidung

1. In Dianas Schrank, da liegen grüne Socken,
grüne Socken, grüne Socken.
In Dianas Schrank, da liegen grüne Socken,
doch leider sind die Socken viel zu kurz.
2. In Dianas Schrank, da hängt ein gelbes T-Shirt,
gelbes T-Shirt, gelbes T-Shirt.
In Dianas Schrank, da hängt ein gelbes T-Shirt,
doch leider ist das T-Shirt viel zu lang.
3. In Dianas Schrank liegt eine rosa Mütze,
rosa Mütze, rosa Mütze.
In Dianas Schrank liegt eine rosa Mütze,
doch leider ist die Mütze viel zu weit.
4. Vor Dianas Schrank, da stehen graue Schuhe,
graue Schuhe, graue Schuhe.
Vor Dianas Schrank, da stehen graue Schuhe,
doch leider sind die Schuhe viel zu eng.

1

Wo sind die Kleider?

Die Kleider sind in Dianas Schrank.

Was hängt in Dianas Schrank?

In Dianas Schrank hängt ein gelbes T-Shirt.

Was liegt in Dianas Schrank?

In Dianas Schrank liegen grüne Socken.

Wo stehen die Schuhe?

Die Schuhe stehen vor Dianas Schrank.

2

Wie sind Dianas Sachen?

Dianas Socken sind viel zu kurz.

Dianas T-Shirt ist viel zu lang.

Dianas Mütze ist viel zu weit.

Dianas Schuhe sind viel zu eng.

8. Gesund und krank

Mein Bauch tut weh

nach der Melodie von „Le coq est mort"

1. Mein Bauch tut weh, mein Bauch tut weh.
Mein Bauch tut weh, mein Bauch tut weh.
Ich kann nicht essen, kann nicht trinken, ich bin krank.
Ich kann nicht essen, kann nicht trinken, ich bin krank.

2. Mein Fuβ tut weh, mein Fuβ tut weh.
Mein Fuβ tut weh, mein Fuβ tut weh.
Ich kann nicht gehen, kann nicht stehen, ich bin krank.
Ich kann nicht gehen, kann nicht stehen, ich bin krank.

3. Mein Kopf tut weh, mein Kopf tut weh.
Mein Kopf tut weh, mein Kopf tut weh.
Ich kann nicht denken, kann nicht rechnen, ich bin krank.
Ich kann nicht denken, kann nicht rechnen, ich bin krank.

(Refrain) Ich lieg' im Bett, bin so krank, bin so krank.

1

Kannst du essen? – Nein, mein Bauch tut weh.

Kannst du trinken? – Nein, mein Bauch tut weh.

Kannst du gehen? – Nein, mein Fuβ tut weh.

Kannst du stehen? – Nein, mein Fuβ tut weh.

Kannst du denken? – Nein, mein Kopf tut weh.

Kannst du rechnen? – Nein, mein Kopf tut weh.

Kannst du sprechen? – Nein, mein Hals tut weh.

Kannst du schreiben? – Nein, meine Hand tut weh.

2

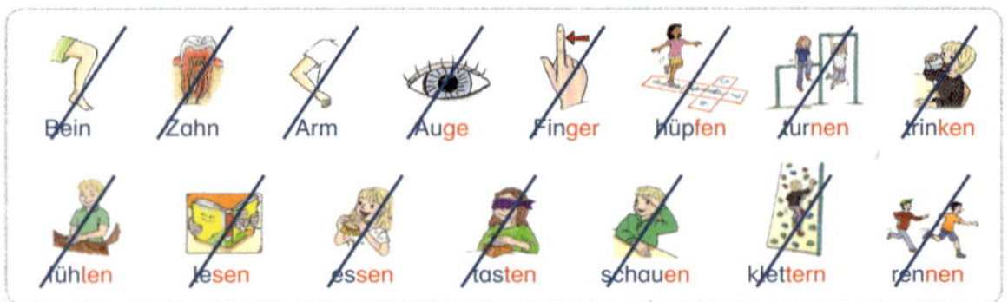

Mein Bein tut weh. Ich kann nicht hüpfen und nicht rennen.

Mein Auge tut weh. Ich kann nicht schauen und nicht lesen.

Mein Finger tut weh. Ich kann nicht fühlen und nicht tasten.

Mein Zahn tut weh. Ich kann nicht essen und nicht trinken.

Mein Arm tut weh. Ich kann nicht turnen und nicht klettern.

Meine Familie und ich

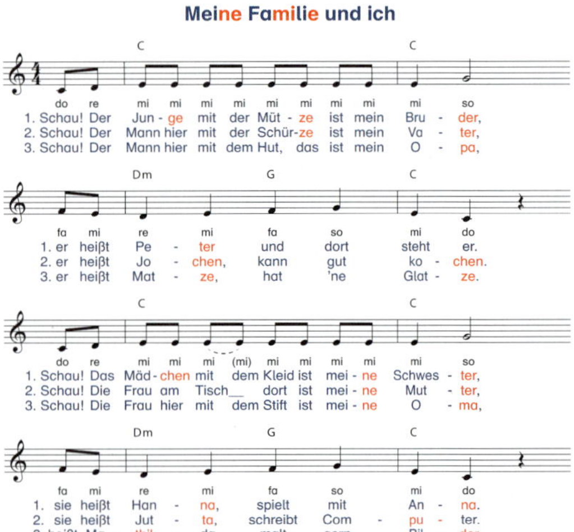

nach der Melodie von „Tiritomba"

1. Schau! Der Junge mit der Mütze ist mein Bruder,
er heiβt Peter und dort steht er.
Schau! Das Mädchen mit dem Kleid ist meine Schwester,
sie heiβt Hanna, spielt mit Anna.

2. Schau! Der Mann hier mit der Schürze ist mein Vater,
er heiβt Jochen, kann gut kochen.
Schau! Die Frau am Tisch dort ist meine Mutter,
sie heiβt Jutta, schreibt Computer.

3. Schau! Der Mann hier mit dem Hut, das ist mein Opa,
er heiβt Matze, hat 'ne Glatze.
Schau! Die Frau hier mit dem Stift ist meine Oma,
heiβt Mathilda, malt gern Bilder.

(Refrain) Das ist meine Familie,
wo mich Papa, Mama, Oma, Opa liebt.
Das ist meine Familie,
ich bin froh, dass es sie gibt.

Willkommen in Deutschland – Lieder zum Deutschlernen – Lösungen (Seite 30 – 33)

9. Familie

1

Peter ist mein Bruder.

Hanna ist meine Schwester.

Meine Mutter heißt Jutta.

Mein Vater heißt Jochen.

Ich sage „Mama" und „Papa" zu ihnen.

Meine Oma heißt Mathilda.

Mein Opa heißt Matze.

2

Peter hat eine Mütze auf dem Kopf.

Opa hat einen Hut in der Hand.

Mama schreibt mit dem Computer.

Papa kann gut kochen.

Oma malt gern Bilder.

3

Meine Schwester heißt Djamila.

Mein (i. L.) heißt (individuelle Lösung).

Meine (i. L.) heißt (individuelle Lösung).

Mein (individuelle Lösung) heißt (individuelle Lösung).

Meine (individuelle Lösung) heißt (individuelle Lösung).

10. Geburtstag / Spielsachen / Spielplatz

Zum Geburtstag wünsch' ich mir

nach der Melodie von „Werft 'nen Heller"

10. Geburtstag / Spielsachen / Spielplatz

1. Zum Geburtstag wünsch' ich mir ein Skateboard, und die Mama schenkt mir einen Ball.
2. Zum Geburtstag wünsch' ich mir ein Skateboard, Lisa sagt: „Ich schenke dir ein Spiel."
3. Wenn der Wind weht, fliegt mein bunter Drachen, und er winkt dir von hoch oben zu.

(Refrain) Auf dem Spielplatz ist es schön, wir fahren Karussell, hey! Auf dem Spielplatz ist es schön, wir fahren Karussell.

wünschen

wehen

1

David wünscht sich zum Geburtstag ein Skateboard.

Mama schenkt David einen Ball.

Lisa schenkt David ein Spiel.

Wenn der Wind weht, fliegt Davids bunter Drachen.

Auf dem Spielplatz fahren die Kinder Karussell.

2

Was wünschst du dir zum Geburtstag?

Ich wünsche mir

(individuelle Lösung),

(individuelle Lösung),

(individuelle Lösung).

(Hier können die Kinder ihre Wünsche aufmalen.)

3

Lisa ist auf der Rutsche.

Sie hat ein Springseil in der Hand.

Sophie sitzt auf der Schaukel.

David fährt mit dem Karussell.

Anna sitzt im Sandkasten und spielt mit einem Ball.

Peter sitzt auf einer Bank.

Ioannis und Michael sind auf der Wippe.

Michaels Drachen fliegt hoch.

Joshua fährt mit dem Fahrrad.

Willkommen in Deutschland – Lieder zum Deutschlernen – Lösungen (Seite 34–37)

Wir machen einen Ausflug

nach der Melodie von „Auf, du junger Wandersmann“

1. Heute müssen wir nicht schreiben
und nicht in der Schule bleiben,
wir machen einen Ausflug.
Jeder muss den Rucksack packen:
Obst, Gemüse, Regenjacken,
auch ein Pausenbrot mit Wurst,
Wasser hilft uns gegen den Durst.

2. Es ist sonnig, warm und hell,
und die Klasse geht sehr schnell.
Wir sind schon bald im grünen Wald,
wo die Vögel lustig singen
und die Rehe fröhlich springen,
Eichhörnchen klettern auf den Baum,
nur den Fuchs, den sehen wir kaum.

3. Links am Wald, da fließt ein Bach,
er ist harmlos, kalt und flach,
der Berg ist hoch, die Straße lang.
Hängt ins Wasser eure Füße,
und wir winken auf der Wiese
allen Kühen, die wir seh'n.
Blumen blühen wunderschön.

heute	schnell
nicht	lustig
bleiben	fröhlich
packen	fließen
die Wurst	blühen
helfen	wunderschön
der Durst	

1

Wann müssen wir nicht schreiben?

Heute müssen wir nicht schreiben.

Warum müssen wir nicht in der Schule bleiben?

Weil wir einen Ausflug machen.

Was müssen wir mit dem Rucksack machen?

Wir müssen den Rucksack packen.

Was nehmen wir zu essen mit?

Wir nehmen Obst, Gemüse und ein Pausenbrot mit Wurst mit.

Was machen wir, wenn es regnet?

Dann ziehen wir die Regenjacke an.

Welche Tiere sind im Wald?

Im Wald sind die Vögel, die Rehe, die Eichhörnchen und der Fuchs.

Welche Tiere sind auf der Wiese?

Auf der Wiese sind die Kühe.

Was hängen wir ins Wasser?

Wir hängen unsere Füße ins Wasser.

Was blüht wunderschön?

Die Blumen blühen wunderschön.

2

alt	↔	jung
klein	↔	groß
dick	↔	dünn
flach	↔	tief
schmutzig	↔	sauber
kurz	↔	lang
hoch	↔	niedrig
schwach	↔	stark
gefährlich	↔	harmlos
warm	↔	kalt
laut	↔	leise
wild	↔	zahm
nass	↔	trocken

Willkommen in Deutschland – Lieder zum Deutschlernen – Lösungen (Seite 38–41)

Fasching, das sind Narrenzeiten

nach der Melodie von „Ah, vous dirai-je, Maman"

1. Komm, wir können uns verkleiden
   in den lauten Faschingszeiten.
   Lisa geht als kleiner Tiger,
   Michael als Eulenspiegel,
   Joshua als alte Frau,
   Anna geht als Clown. Helau!

2. Aisha liest in dem Koran,
   so fastet sie im Ramadan.
   Aisha, frohes Zuckerfest !
   Peter, dieses Osternest
   legt der Osterhase dir
   mit bunten Eiern vor die Tür.

3. Diese bunten Blumen hier,
   liebe Mama, schenk' ich dir.
   Denn du sollst am Muttertag sehen,
   dass ich dich sehr mag,
   und ich decke uns den Tisch,
   Papa kocht 'nen großen Fisch.

- verkleiden
- die Faschingszeit
- der Clown
- fasten
- das Zuckerfest
- das Osternest
- legen
- das Ei
- mögen
- decken

4. Nikolaus besucht die Kinder,
   und in jedem Jahr im Winter
   bringt er einen großen Sack,
   in dem er viel Geschenke hat.
   Und dann feiert bald der Christ,
   dass Jesus geboren ist.

- der Winter
- geboren

1

Im Februar ist Fasching. Lisa, Michael, Joshua und Anna verkleiden sich:

Lisa geht als kleiner Tiger und Anna geht als Clown.

Im muslimischen Fastenmonat Ramadan fastet Aisha.

Sie freut sich auf das Zuckerfest.

Im April ist Ostern. Der Osterhase legt Peter ein Osternest mit bunten Eiern vor die Tür.

Im Mai ist Muttertag. Ich schenke meiner Mutter bunte Blumen.

Im Winter kommt der Nikolaus.

Er bringt viele Geschenke.

2

gnihcsaF → Fasching

nretsO → Ostern

nadamaR → Ramadan

tsefrekcuZ → Zuckerfest

gatrettuM → Muttertag

sualokiN → Nikolaus

tsefsthcanhieW → Weihnachtsfest

Woher kommst du?

nach der Melodie von „Freude, schöner Götterfunken"

13. Herkunftsland

(*alle*) Guten Morgen, hallo, wie heißt du?
(*einer*) Ich heiße Karia.
(*alle*) Wo war früher dein Zuhause?
(*einer*) Ich komme aus Pakistan.

(*Refrain*) Buruk kommt aus Eritrea,
Ioannis kommt aus Griechenland,
Jakob kommt aus Israel,
hier steh'n wir heute Hand in Hand.

1

Woher kommt Buruk?	Buruk kommt aus Eritrea.
Woher kommt Sophie?	Sophie kommt aus Deutschland.
Woher kommt Ioannis?	Ioannis kommt aus Griechenland.
Woher kommt Karia?	Karia kommt aus Pakistan.
Woher kommt Jakob?	Jakob kommt aus Israel.
Woher kommt Aisha?	Aisha kommt aus dem Iran.
Woher kommst du?	Ich komme aus (individuelle L.).

2

Kommt Buruk aus Schottland?	Nein, Buruk kommt aus Eritrea.
Kommt Jakob aus Israel?	Ja, Jakob kommt aus Israel.
Kommt Ioannis aus Eritrea?	Nein, Ioannis kommt aus Griechenland.
Kommt Karia aus Griechenland?	Nein, Karia kommt aus Pakistan.
Kommst du aus Deutschland?	(i. L.), ich komme aus (individuelle L.).

13. Herkunftsland

3

Hallo Michael. Wohnst du in Berlin?
Ja, ich wohne in Berlin.
In welcher Straße wohnst du?
Ich wohne in der Friedrichstraße.

Hallo Leyla. Wohnst du in Frankfurt?
Nein. Ich wohne in Stuttgart.
In welcher Straße wohnst du?
Ich wohne in der Lindenstraße.

Hallo (individuelle L.). Wohnst du in (individuelle L.)?
(individuelle Lösung) ___ ___.
In welcher Straße wohnst du?
Ich wohne in der (individuelle L.).

4

Welches Tier hat Jakob?	Jakob hat eine Spinne.
Welches Tier hat Aisha?	Aisha hat einen Papagei.
Welches Tier hat Ioannis?	Ioannis hat eine Schildkröte.
Hat Anna ein Tier?	Ja, Anna hat eine Katze.
Hat Leyla ein Tier?	Nein, Leyla hat kein Tier.

14. Essen und Trinken

Was magst du?

14. Essen und Trinken

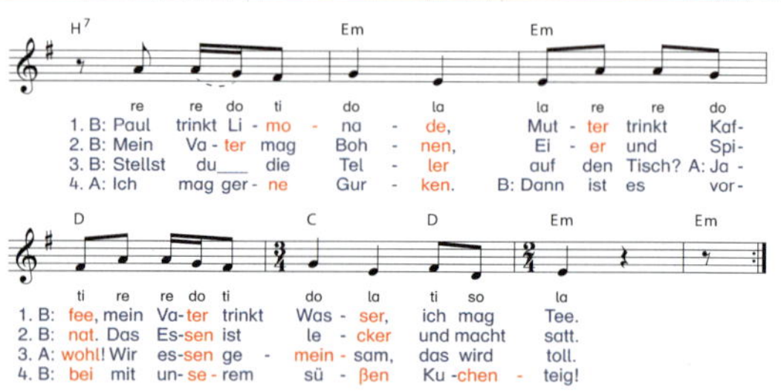

nach der Melodie von „Was wollen wir trinken?"

1. A: Was möchtest du trinken? Trinkst du gerne Saft?
   Was möchtest du trinken? Was magst du?
   B: Ich mag gern eine Tasse Tee!
   Paul trinkt Limonade, Mutter trinkt Kaffee,
   mein Vater trinkt Wasser, ich mag Tee.

2. A: Was möchtest du essen? Isst du gerne Brot?
   Was möchtest du essen? Was magst du?
   B: Ich mag gern Nudeln und Salat!
   Mein Vater mag Bohnen, Eier und Spinat.
   Das Essen ist lecker und macht satt.

3. A: Was gibt es als Erstes? Ich decke den Tisch.
   Was gibt es als Erstes? Ich mag Brot.
   B: Ich koche Suppe mit Blumenkohl.
   Stellst du die Teller auf den Tisch?
   A: Jawohl! Wir essen gemeinsam, das wird toll.

4. A: Wer backt mit uns Kuchen? Schneidest du das Obst?
   Wer backt mit uns Kuchen, süß und gut?
   B: Ich schäle Äpfel und rühr' ein Ei.
   A: Ich mag gerne Gurken.
   B: Dann ist es vorbei mit unserem süßen Kuchenteig!

lecker
satt
toll
der Kuchenteig

Willkommen in Deutschland – Lieder zum Deutschlernen – Lösungen (Seite 46–49)

1

Wer trinkt was?

Jakob trinkt eine Tasse Tee.

Paul trinkt Limonade.

Mutter trinkt Kaffee.

Vater trinkt Wasser.

2

Wer isst was?

Jakob isst Nudeln und Salat.

Vater isst Bohnen, Eier und Spinat.

3

Wie schmeckt was?

der Kuchen, die Erdbeere, der Knoblauch, die Zitrone, die Johannisbeere, der Pfeffer, die Kiwi, die Zwiebel, der Honig

süß	scharf	sauer
die Erdbeere	der Pfeffer	die Johannisbeere
der Honig	der Knoblauch	die Zitrone
der Kuchen	die Zwiebel	die Kiwi

4

B	A	S	U	T	O	M	A	T	E	V	Z	F	R	G
A	C	K	O	H	L	S	L	A	Q	P	M	A	P	U
M	F	S	I	K	A	R	T	O	F	F	E	L	R	W
O	H	B	M	L	O	T	B	G	U	R	K	E	M	R
T	Z	S	P	I	N	A	T	B	P	U	W	V	G	D
K	D	A	G	E	B	O	H	N	E	F	T	J	W	R
A	S	J	X	C	Z	V	E	S	S	A	L	A	T	J

A	R	I	E	R	D	B	E	E	R	E	B	A	Z	F
I	P	B	D	X	E	N	M	T	N	K	I	W	I	G
O	F	L	M	E	L	O	N	E	B	V	K	I	T	E
E	D	N	A	M	L	F	B	I	R	N	E	S	K	R
T	A	P	F	E	L	N	O	S	Y	A	M	E	P	O
U	Z	M	P	Q	V	A	N	A	N	A	S	V	P	D
D	O	R	A	N	G	E	O	H	D	B	P	S	C	W
V	D	X	R	T	K	G	I	B	A	N	A	N	E	C

P	B	M	K	L	T	E	E	D	C	T	D	Z	X	I
V	T	X	S	A	R	C	W	A	S	S	E	R	M	L
Z	R	Q	N	E	E	N	S	A	F	T	P	F	V	E
I	C	O	R	K	A	F	F	E	E	S	E	T	X	P
G	Y	Z	P	M	M	L	I	M	O	N	A	D	E	I

Komm, wir geh'n zum Bäcker

nach der Melodie von „Spannenlanger Hansel, nudeldicke Dirn"

1. A: Komm, wir geh'n zum Bäcker, kaufen etwas Brot!
   B: Kaufen wir auch Erdbeerkuchen, süß und rot?
   A: Den bekommst du auch bei ihm, doch muss das sein?
   Du backst gerne Kuchen, den backen wir daheim.
2. B: Komm, wir geh'n zum Supermarkt und kaufen ein:
   Wir brauchen noch Erdbeer'n, Zucker und ein Ei.
   A: Eier sind im Kühlschrank, Zucker im Regal,
   Erdbeer'n sind so teuer, was ich nicht gern bezahl'.
3. A: Wir geh'n in den Garten, pflücken sie vom Strauch.
   Wo ist denn dein Bruder, deine Schwester auch?
   B: Mama pflückt die großen, wir pflücken die kleinen.
   A: Wenn die Tasche voll ist, dann geh'n wir wieder heim.

der Supermarkt

pflücken

der Strauch

heimgehen

Wohin gehen Mama und Paul?

Mama und Paul gehen zum Bäcker.

Was möchte Mama kaufen?

Mama möchte Brot kaufen.

Was macht Paul gerne?

Paul backt gerne Kuchen.

Was möchte Paul im Supermarkt kaufen?

Paul möchte Erdbeeren, Zucker und ein Ei kaufen.

Mama und Paul gehen nicht in den Supermarkt. Wohin gehen sie?

Sie gehen in den Garten.

Was sagt Mama zu Paul?

Wir pflücken Erdbeeren vom Strauch.

Zusammen in einem Haus

nach der Melodie von „Drunt' in der grünen Au"

(Refrain) Wir leben in einem Haus mit Hund, Katze und Maus, juche,
wir leben in einem Haus mit Hund, Katze und Maus.

1. Wer deckt denn den Tisch?
(Aisha) Den Tisch decke ich.
(alle) Aisha deckt den Tisch.

2. Wer gießt denn die Blumen?
(Buruk) Die Blumen gieße ich.
(alle) Buruk gießt die Blumen,
Aisha deckt den Tisch.

3. Wer kocht denn die Suppe?
(David) Die Suppe koche ich.
(alle) David kocht die Suppe,
Buruk gießt die Blumen,
Aisha deckt den Tisch.

4. Wer spült denn die Teller?
(Leyla) Die Teller spüle ich.
(alle) Leyla spült die Teller,
David kocht die Suppe,
Buruk gießt die Blumen,
Aisha deckt den Tisch.

1

Was macht Aisha? Aisha deckt den Tisch.

Was macht Buruk? Buruk gießt die Blumen.

Was macht David? David kocht die Suppe.

Was macht Leyla? Leyla spült die Teller.

2

Wie helfen wir zu Hause?

staubsaugen|bügeln|abtrocknen|waschen|aufräumen|kehren|abstauben|putzen|aufhängen

Wie ist das Wetter?

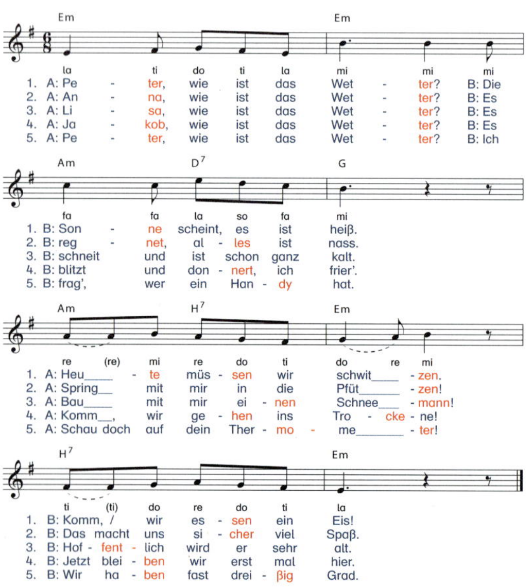

nach der Melodie von „La mar estaba salada"

1. A: Peter, wie ist das Wetter?
   B: Die Sonne scheint, es ist heiß.
   A: Heute müssen wir schwitzen.
   B: Komm, wir essen ein Eis!

2. A: Anna, wie ist das Wetter?
   B: Es regnet, alles ist nass.
   A: Spring mit mir in die Pfützen!
   B: Das macht uns sicher viel Spaß.

3. A: Lisa, wie ist das Wetter?
   B: Es schneit und ist schon ganz kalt.
   A: Bau mit mir einen Schneemann !
   B: Hoffentlich wird er sehr alt.

4. A: Jakob, wie ist das Wetter?
   B: Es blitzt und donnert, ich frier'.
   A: Komm, wir gehen ins Trockene!
   B: Jetzt bleiben wir erst mal hier.

5. A: Peter, wie ist das Wetter?
   B: Ich frag', wer ein Handy hat.
   A: Schau doch auf dein Thermometer!
   B: Wir haben fast dreißig Grad.

einen Schneemann bauen

fragen

hoffentlich

das Handy

1

Die Sonne scheint, es ist heiß.

Wir müssen schwitzen.

Wir essen ein Eis.

Es regnet, alles ist nass.

Wir springen in die Pfützen.

Es schneit und es ist kalt.

Wir bauen einen Schneemann.

Es blitzt und donnert, ich friere.

2

trWeet → das W e t t e r

neoSn → die S o n n e

isE → das E i s

gneren → r e g n e n

tzbleni → b l i t z e n

reniefr → f r i e r e n

Willkommen in Deutschland – Lieder zum Deutschlernen – Lösungen (Seite 54 – 57)

Der Januar liegt im Winter

nach der Melodie von „Komm, lieber Mai“

1. Der Januar liegt im Winter, das neue Jahr beginnt.
   Im Februar ist Fasching, da freut sich jedes Kind.
   Im März beginnt der Frühling, die ersten Blumen blüh'n,
   und im April ist Ostern, im Mai wird der Wald wieder grün.
2. Im Juni ess' ich Erdbeeren, manchmal auch ein Eis.
   Im Juli geh' ich schwimmen, im Sommer ist es sehr heiß.
   Ich muss nicht so viel lernen und nicht in der Schule sitzen.
   August ist Zeit zum Baden im See,
   dann muss ich nicht immer so schwitzen.
3. Der Wald wird langsam bunt im September, Herbstzeit beginnt.
   Die Drachen fliegen hoch: Im Oktober weht oft der Wind.
   Die Tage werden kürzer, es regnet sehr viel im November.
   Es wird sehr kalt und dunkel, Weihnachten ist im Dezember.

das neue Jahr beginnt

sich freuen

lernen

kürzer

1

Der Januar ist im Winter.

Der Februar ist im Winter.

Der März ist im Frühling.

Der April ist im Frühling.

Der Juni ist im Sommer.

Der Juli ist im Sommer.

Der September ist im Herbst.

Der Oktober ist im Herbst.

2

Im Januar beginnt das neue Jahr.

Im Februar ist Fasching.

Im März blühen die ersten Blumen.

Im April ist Ostern.

Im Mai wird der Wald grün.

Im Juni esse ich Erdbeeren.

Im Juli gehe ich schwimmen.

Im August gehe ich an den See.

Im September wird der Wald bunt.

Im Oktober weht der Wind.

Im November regnet es viel.

Im Dezember ist Weihnachten.

Der Tag und ich

nach der Melodie von „Schnadahüpfln“

Willkommen in Deutschland – Lieder zum Deutschlernen – Lösungen (Seite 58 – 61)

19. Die Uhrzeit

1. Um sechs Uhr muss ich jeden Morgen aufstehen,
   um halb acht muss ich in die Schule dann gehen.
2. Um acht Uhr sitz' ich in der Schule am Tisch,
   mein Platz ist ganz sauber, die Tafel gewischt.
3. Um zehn Uhr ist Pause, ich esse mein Brot,
   die frische Luft tut meinem Kopf auch sehr gut.
4. Um ein Uhr kann ich gutes Essen dann haben,
   um drei Uhr sitz' ich über den Hausaufgaben.
5. Um vier Uhr seh' ich meine Freunde zum Spielen,
   um sechs Uhr, da helfe ich Mama beim Spülen.
6. Nun schlafe ich fest, es ist abends um zehn,
   es ist auch schon dunkel, ich träum' wunderschön.

(Refrain) Ist es zu früh oder schon zu spät?
Ist es zu früh oder schon zu spät?

gewischt
die frische Luft
dunkel
träumen

1

Um acht Uhr sitze ich in der Schule.
Um ein Uhr esse ich mein Mittagessen.
Um vier Uhr spiele ich mit meinen Freunden.
Um zehn Uhr schlafe und träume ich.

2

Es ist Mittwoch.
Karia steht um neun Uhr auf.

Es ist Samstag.
Sophie macht heute um drei Uhr keine Hausaufgaben. Sie liest ein Buch.

Heute ist Montag und ich bin müde. Ich schlafe schon um sieben Uhr.

20. Verkehrsmittel

Zug, Fahrrad, Bus und Auto

nach der Melodie von „Auf der schwäb'sche Eisebahne"

20. Verkehrsmittel

1. Ich fahr' mit dem Zug zur Schule, neben mir sitzt morgens Jule,
   Joshua steigt später ein, denn er wohnt am Lindenhain.
   Zug fahren, das ist schön, da kann ich ganz viel seh'n.
   Joshua steigt später ein, denn er wohnt am Lindenhain.
2. Du kannst mit dem Fahrrad fahren und das Geld fürs Ticket sparen.
   Dir macht Fahrradfahren Spaß, nur bei Regen wirst du nass.
   Fahrradfahren, das ist schön, da kannst du ganz viel seh'n.
   Dir macht Fahrradfahren Spaß, nur bei Regen wirst du nass.
3. Mit dem Bus fährt gern Diana, neben ihr sitzt mittags Hanna.
   Jakob steigt am Sportplatz aus und geht dann zu Fuß nach Haus'.
   Bus fahren, das ist schön, da kann man ganz viel seh'n.
   Jakob steigt am Sportplatz aus und geht dann zu Fuß nach Haus'.
4. Michael und Paul und Anna fahren mit dem „Taxi Mama",
   das sie morgens unbeschwert schon um acht zur Schule fährt.
   Auto fahren, das ist schön, da können sie ganz viel seh'n.
   … das sie morgens unbeschwert schon um acht zur Schule fährt.

sparen
unbeschwert

~~Flugzeug~~ ~~U-Bahn~~ ~~Straßenbahn~~ ~~Lastwagen~~ ~~Zug~~
~~Bus~~ ~~Taxi~~ ~~Fahrrad~~ ~~Auto~~

				Z										
		F	L	U	G	Z	E	U	G					
				G				B						
		B					F	A	H	R	R	A	D	
	T	U						H						
L	A	S	T	W	A	G	E	N						
	X				U									
	I			S	T	R	A	ß	E	N	B	A	H	N
					O									

21. Sport

Mein liebster Sport

nach der Melodie von „Im Frühtau zu Berge"

Willkommen in Deutschland – Lieder zum Deutschlernen – Lösungen (Seite 62–64)

21. Sport

1. Am liebsten fährt Karia Ski, fallera,
beim Klettern, da sehen wir sie nie, fallera.

2. Und David fährt gern mit dem Rad, fallera,
nur heute nicht: Sein Reifen, der ist platt, fallera.

3. Paul reitet zum Wald und zurück, fallera,
doch Leyla tanzt lieber zur Musik, fallera.

(Refrain) Mein Sport ist nicht gefährlich,
mein Sport ist cool, ganz ehrlich,
ich mag diesen Sport, meinen Lieblingssport.

1

Karia fährt gern Ski.
David fährt gern Fahrrad.
Paul reitet gern.
Leyla tanzt gern.

2

Ski fahren? – schwimmen

Fahrrad fahren? – klettern

schwimmen? – Ski fahren

Handball spielen? – Fußball spielen

tanzen? – Tennis spielen

reiten? – Handball spielen

Fahrrad fahren? – tanzen

klettern? – reiten

Tennis spielen? – Fahrrad fahren

22. Hobby und Freizeit

Ich schwimme gern im See

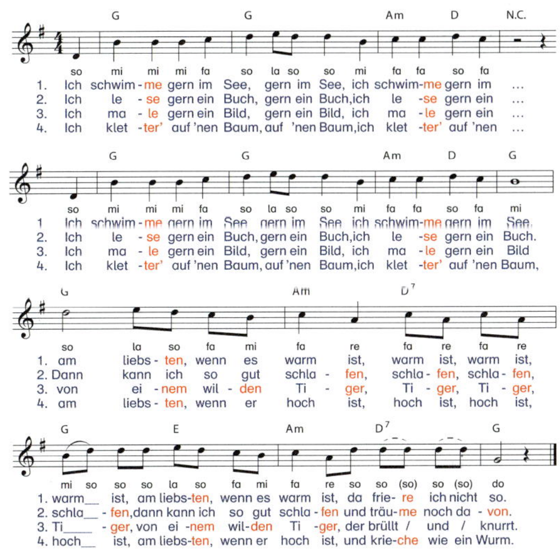

nach der Melodie von „Jetzt fahr'n wir über'n See"

22. Hobby und Freizeit

1. Ich schwimme gern im See, gern im See, ich schwimme gern im …
Ich schwimme gern im See, gern im See, ich schwimme gern im See;
am liebsten, wenn es warm ist, warm ist, warm ist, warm ist,
am liebsten, wenn es warm ist, da friere ich nicht so.

2. Ich lese gern ein Buch, gern ein Buch, ich lese gern ein …
Ich lese gern ein Buch, gern ein Buch, ich lese gern ein Buch.
Dann kann ich so gut schlafen, schlafen, schlafen, schlafen,
dann kann ich so gut schlafen und träume noch davon.

3. Ich male gern ein Bild, gern ein Bild, ich male gern ein …
Ich male gern ein Bild, gern ein Bild, ich male gern ein Bild
von einem wilden Tiger, Tiger, Tiger, Tiger,
von einem wilden Tiger, der brüllt und knurrt.

4. Ich kletter' auf 'nen Baum, auf 'nen Baum, ich kletter' auf 'nen …
Ich kletter' auf 'nen Baum, auf 'nen Baum, ich kletter' auf 'nen Baum;
am liebsten, wenn er hoch ist, hoch ist, hoch ist, hoch ist,
am liebsten, wenn er hoch ist, und krieche wie ein Wurm.

1

Sophie schwimmt gern im See.
Michael liest gern ein Buch.
Diana malt gern ein Bild.
David klettert gern auf einen Baum.

2

In deiner Freizeit kannst du …

Fahrrad fahren	ein Buch lesen
Musik hören	schwimmen
Fußball spielen	Handball spielen
klettern	ein Bild malen
basteln	kochen
reiten	ein Lied singen
einen Kuchen backen	

3

Lisa ist auf der  Rutsche.

Sie hat ein  ________________ in der Hand.

Sophie sitzt auf der  ________________.

David fährt mit dem  ________________.

Anna sitzt im  ________________ und spielt mit einem  ____________.

Peter sitzt auf einer  ____________.

Ioannis und Michael sind auf der  ________________.

Michaels  ________________ fliegt hoch.

Joshua fährt mit dem  ________________.

Wir machen einen Ausflug

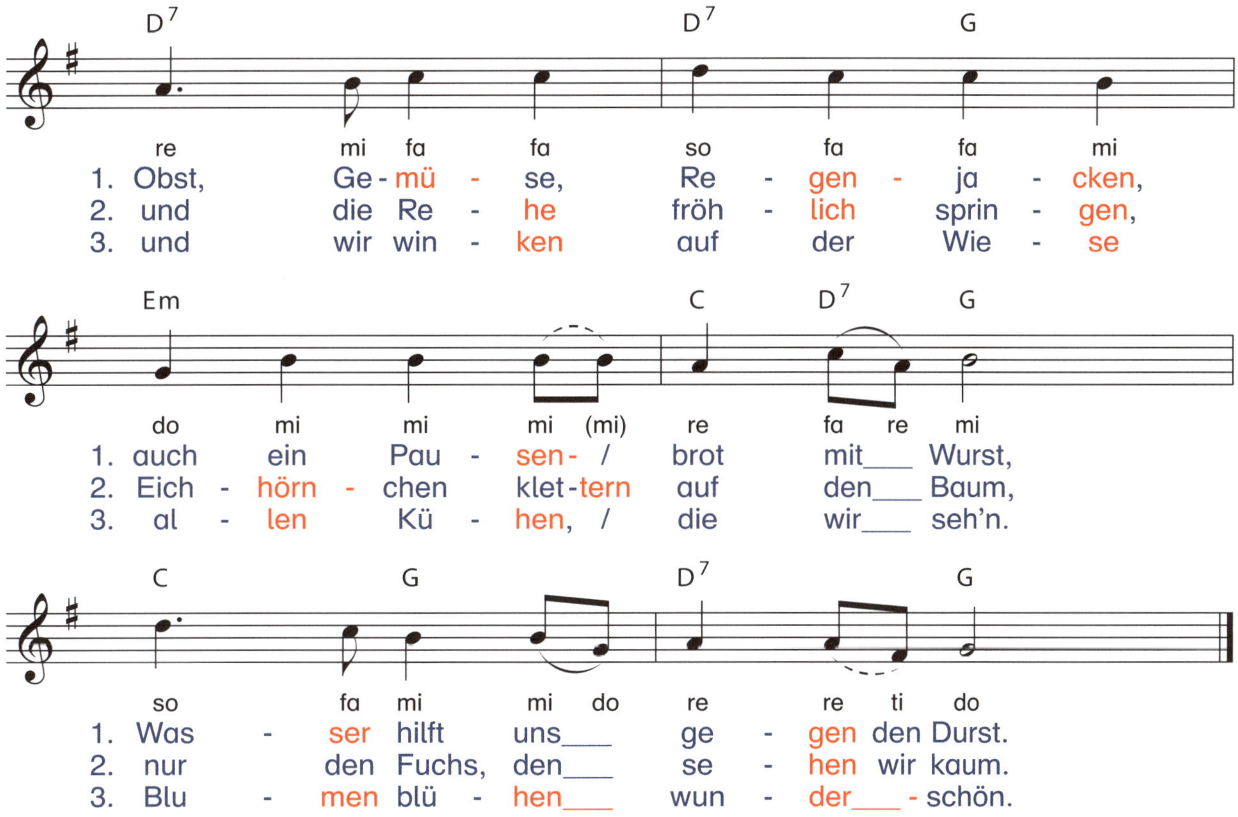

nach der Melodie von „Auf, du junger Wandersmann“

1. Heute müssen wir nicht schreiben
und nicht in der Schule bleiben,
wir machen einen Ausflug.
Jeder muss den Rucksack packen:
Obst, Gemüse, Regenjacken,
auch ein Pausenbrot mit Wurst,
Wasser hilft uns gegen den Durst.

2. Es ist sonnig, warm und hell,
und die Klasse geht sehr schnell.
Wir sind schon bald im grünen Wald,
wo die Vögel lustig singen
und die Rehe fröhlich springen,
Eichhörnchen klettern auf den Baum,
nur den Fuchs, den sehen wir kaum.

3. Links am Wald, da fließt ein Bach,
er ist harmlos, kalt und flach,
der Berg ist hoch, die Straße lang.
Hängt ins Wasser eure Füße,
und wir winken auf der Wiese
allen Kühen, die wir seh'n.
Blumen blühen wunderschön.

heute

schnell

nicht

lustig

bleiben

fröhlich

packen

fließen

die Wurst

blühen

helfen

wunderschön

der Durst

1

Wann müssen wir nicht schreiben?

Heute müssen wir nicht schreiben.

Warum müssen wir nicht in der Schule bleiben?

Weil wir einen  ____________ machen.

Was müssen wir mit dem Rucksack machen?

Wir müssen den Rucksack  ____________.

Was nehmen wir zu essen mit?

Wir nehmen  ____________,  ____________ und ein  ____________ mit  ____________ mit.

Was machen wir, wenn es regnet?

Dann ziehen wir die  ____________ an.

Welche Tiere sind im Wald?

Im Wald sind  die ____________,  die ____________, 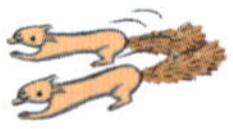 die ____________ und  der ____________.

Welche Tiere sind auf der Wiese?

Auf der Wiese sind die  ____________.

Was hängen wir ins Wasser?

Wir hängen unsere 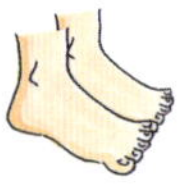 ____________ ins Wasser.

Was blüht wunderschön?

 Die ____________ blühen wunderschön.

2

jung
lang
klein
niedrig
sauber
dünn
kurz
stark
schmutzig
tief
groß
alt
leise
hoch
dick
kalt
harmlos
schwach
laut
trocken
warm
gefährlich
zahm
flach
nass
wild

alt ↔ jung

↔

↔

↔

↔

↔

↔

↔

↔

↔

↔

↔

↔

Fasching, das sind Narrenzeiten

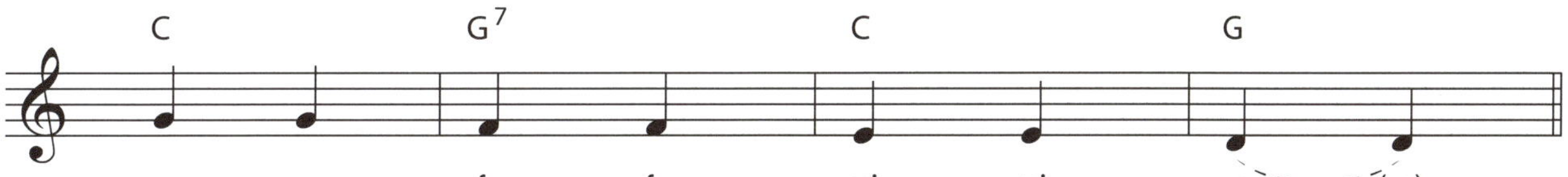

	so	so	fa	fa	mi	mi	re	(re)
1.	Mi -	cha -	el	als	Eu -	len -	spie -	gel,
2.	Pe -	ter,	die -	ses	Os -	ter -	nest	/
3.	se -	hen,	dass	ich	dich	sehr	mag,	/
4.	dem	er	viel	Ge -	schen -	ke	hat.	/

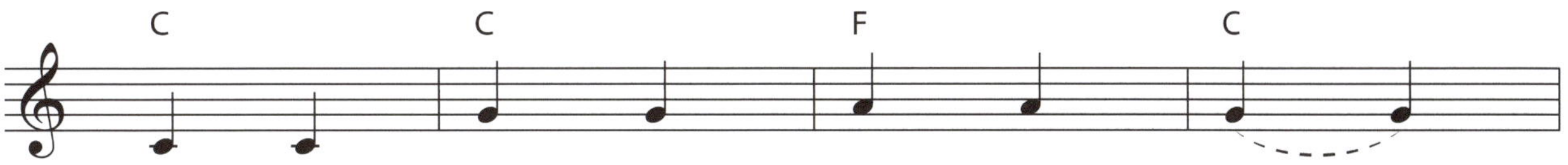

	do	do	so	so	la	la	so	(so)
1.	Jo -	shu -	a	als	al -	te	Frau,	/
2.	legt	der	Os -	ter -	ha -	se	dir	mit
3.	und	ich	de -	cke	uns	den	Tisch,	/
4.	Und	dann	fei -	ert	bald	der	Christ,	/

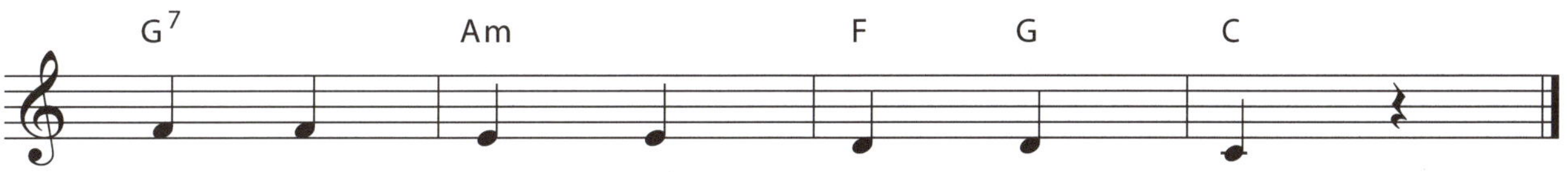

	fa	fa	mi	mi	re	re	do
1.	An -	na	geht	als	Clown.	He -	lau!
2.	bun -	ten	Ei -	ern	vor	die	Tür.
3.	Pa -	pa	kocht	’nen	gro -	ßen	Fisch.
4.	dass	Je -	sus	ge -	bo -	ren	ist.

nach der Melodie von „Ah, vous dirai-je, Maman“

1. Komm, wir können uns verkleiden
in den lauten Faschingszeiten.
Lisa geht als kleiner Tiger,
Michael als Eulenspiegel,
Joshua als alte Frau,
Anna geht als Clown. Helau!

2. Aisha liest in dem Koran,
so fastet sie im Ramadan.
Aisha, frohes Zuckerfest !
Peter, dieses Osternest
legt der Osterhase dir
mit bunten Eiern vor die Tür.

3. Diese bunten Blumen hier,
liebe Mama, schenk’ ich dir.
Denn du sollst am Muttertag sehen,
dass ich dich sehr mag,
und ich decke uns den Tisch,
Papa kocht ’nen großen Fisch.

verkleiden

die Faschingszeit

der Clown

fasten

das Zuckerfest

das Osternest

legen

das Ei

mögen

decken

4. Nikolaus besucht die Kinder,
und in jedem Jahr im Winter
bringt er einen großen Sack,
in dem er viel Geschenke hat.
Und dann feiert bald der Christ,
dass Jesus geboren ist.

 der Winter

 geboren

1

Im Februar ist Fasching. Lisa, Michael, Joshua und Anna verkleiden sich:

Lisa geht als kleiner  Tiger und Anna geht

als  ________.

Im muslimischen Fastenmonat Ramadan  ________ Aisha.

Sie freut sich auf das  ________.

Im April ist Ostern. Der Osterhase legt Peter ein  ________ mit bunten Eiern vor die Tür.

Im Mai ist Muttertag. Ich schenke meiner Mutter bunte  ________.

Im Winter kommt  der ________.

Er bringt viele  ________.

2

gnihcsaF → Fasching

nretsO → ________

nadamaR → ________

tsefrekcuZ → ________

gatrettuM → ________

sualokiN → ________

tsefsthcanhieW → ________

Woher kommst du?

nach der Melodie von „Freude, schöner Götterfunken“

(alle) Guten Morgen, hallo, wie heißt du?
(einer) Ich heiße Karia.
(alle) Wo war früher dein Zuhause?
(einer) Ich komme aus Pakistan.

(Refrain) Buruk kommt aus Eritrea,
Ioannis kommt aus Griechenland,
Jakob kommt aus Israel,
hier steh'n wir heute Hand in Hand.

1

 Woher kommt Buruk? — Buruk kommt aus  ____Eritrea____.

 Woher kommt Sophie? — Sophie kommt aus  ____________.

 Woher kommt Ioannis? — Ioannis kommt aus  ____________.

 Woher kommt Karia? — Karia ________ ______  ____________.

 Woher kommt Jakob? — Jakob ________ ______  ____________.

 Woher kommt Aisha? — Aisha ________ ______ dem  ________.

Woher kommst du? — Ich komme ______ ____________.

2

 Kommt Buruk aus Schottland? — Nein, Buruk kommt aus ____Eritrea____.

 Kommt Jakob aus Israel? — Ja, ____________ kommt aus ____________.

 Kommt Ioannis aus Eritrea? — Nein, ____________ ________ ______ ____________.

 Kommt Karia aus Griechenland? — ______, ____________ ________ ______ ____________.

Kommst du aus Deutschland? — ______, ich komme aus ____________.

3

Hallo Michael.
Wohnst du in Berlin?

In welcher Straße
wohnst du?

Ja, ich wohne
in Berlin.

Ich wohne in der
Friedrichstraße.

Hallo Leyla. ______________
______ ______ Frankfurt?

Nein. ______ ______________
______ Stuttgart.

In welcher ______________
wohnst du?

______ ______________
______ ______ Lindenstraße.

Hallo ______________.
______________ ______ ______
______________________?

______. ______ ______________
______ ______________________.

In welcher ______________
______________ ______?

______ ______________ ______
______ ______________________.

4

Welches Tier hat Jakob? — Jakob hat eine Spinne.

Welches Tier hat Aisha? — ______________ ______ einen ______________.

Welches Tier hat Ioannis? — ______________ ______ eine ______________.

Hat Anna ein Tier? — Ja, Anna ______ eine ______________.

Hat Leyla ein Tier? — ______, Leyla ______ kein ______________.

Was magst du?

re re do ti do la la re re do
1. A: Was möch - test du trin - ken? Trinkst du ger - ne
2. A: Was möch - test du es - sen? Isst du ger - ne
3. A: Was gibt es als Ers - tes? Ich de - cke den
4. A: Wer backt mit uns Ku - chen? Schnei - dest du das

ti re re do ti do la ti so la
1. A: Saft? Was möch-test du trin - ken? Was magst du?
2. A: Brot? Was möch-test du es - sen? Was magst du?
3. A: Tisch. Was gibt es als Ers - tes? Ich mag Brot.
4. A: Obst? Wer backt mit uns Ku - chen, süß und gut?

la do re mi mi (mi) fa re mi
1. B: Ich mag gern ei - ne / Tas - se Tee!
2. B: Ich mag gern Nu - deln / und Sa - lat!
3. B: Ich ko - che Sup - pe mit Blu - men - kohl.
4. B: Ich schä - le Äp - fel und rühr' ein Ei.

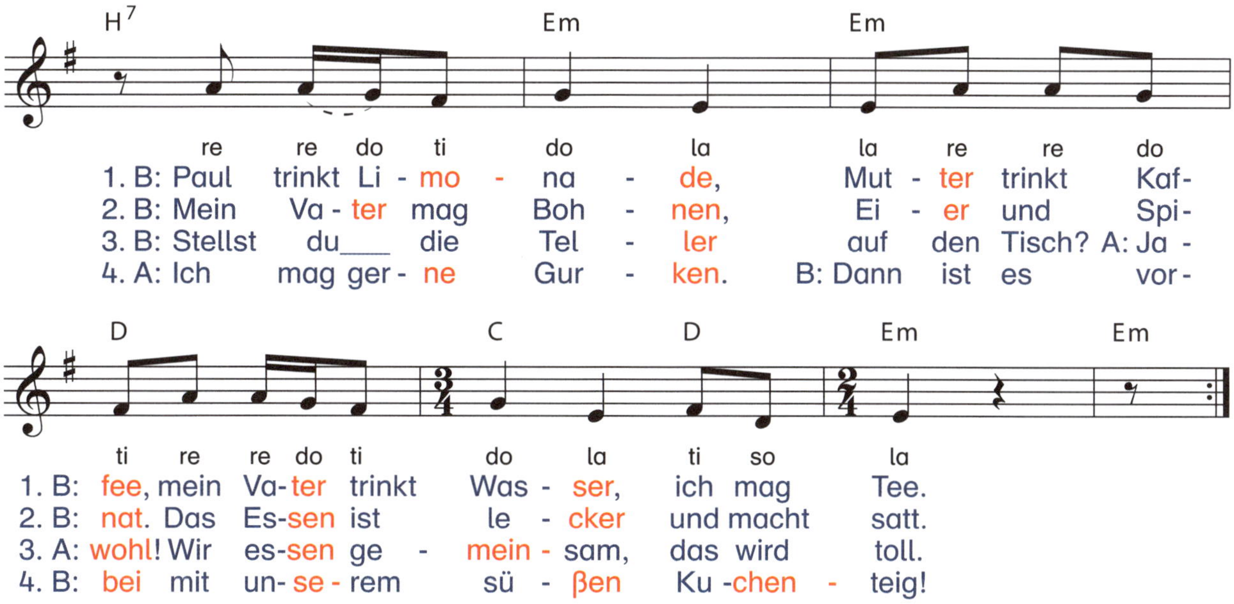

nach der Melodie von „Was wollen wir trinken?"

1. A: Was möchtest du trinken? Trinkst du gerne Saft?
   Was möchtest du trinken? Was magst du?
   B: Ich mag gern eine Tasse Tee!
   Paul trinkt Limonade, Mutter trinkt Kaffee,
   mein Vater trinkt Wasser, ich mag Tee.

2. A: Was möchtest du essen? Isst du gerne Brot?
   Was möchtest du essen? Was magst du?
   B: Ich mag gern Nudeln und Salat!
   Mein Vater mag Bohnen, Eier und Spinat.
   Das Essen ist lecker und macht satt.

3. A: Was gibt es als Erstes? Ich decke den Tisch.
   Was gibt es als Erstes? Ich mag Brot.
   B: Ich koche Suppe mit Blumenkohl.
   Stellst du die Teller auf den Tisch?
   A: Jawohl! Wir essen gemeinsam, das wird toll.

4. A: Wer backt mit uns Kuchen? Schneidest du das Obst?
   Wer backt mit uns Kuchen, süß und gut?
   B: Ich schäle Äpfel und rühr' ein Ei.
   A: Ich mag gerne Gurken.
   B: Dann ist es vorbei mit unserem süßen Kuchenteig!

lecker

satt

toll

der Kuchenteig

1

Wer trinkt was?

Jakob trinkt eine Tasse Tee.

Paul ______ ______.

Mutter ______ ______.

Vater ______ ______.

2

Wer isst was?

Jakob isst Nudeln und ______.

Vater ______ ______, ______ und ______.

3

Wie schmeckt was?

der Kuchen

~~die~~ Johannisbeere

die Zwiebel

die Erdbeere

die Zitrone

die Kiwi

der Knoblauch

der Pfeffer

der Honig

süß

scharf

sauer

süß		scharf		sauer	
______	______	______	______	die	Johannisbeere
______	______	______	______	______	______
______	______	______	______	______	______

4

B	A	S	U	T	O	M	A	T	E	V	Z	F	R	G
A	C	K	O	H	L	S	L	A	Q	P	M	A	P	U
M	F	S	I	K	A	R	T	O	F	F	E	L	R	W
O	H	B	M	L	O	T	B	G	U	R	K	E	M	R
T	Z	S	P	I	N	A	T	B	P	U	W	V	G	D
K	D	A	G	E	B	O	H	N	E	F	T	J	W	R
A	S	J	X	C	Z	V	E	S	S	A	L	A	T	J

A	R	I	E	R	D	B	E	E	R	E	B	A	Z	F
I	P	B	D	X	E	N	M	T	N	K	I	W	I	G
O	F	L	M	E	L	O	N	E	B	V	K	I	T	E
E	D	N	A	M	L	F	B	I	R	N	E	S	K	R
T	A	P	F	E	L	N	O	S	Y	A	M	E	P	O
U	Z	M	P	Q	V	A	N	A	N	A	S	V	P	D
D	O	R	A	N	G	E	O	H	D	B	P	S	C	W
V	D	X	R	T	K	G	I	B	A	N	A	N	E	C

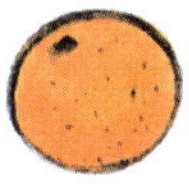

P	B	M	K	L	T	E	E	D	C	T	D	Z	X	I
V	T	X	S	A	R	C	W	A	S	S	E	R	M	L
Z	R	Q	N	E	E	N	S	A	F	T	P	F	V	E
I	C	O	R	K	A	F	F	E	E	S	E	T	X	P
G	Y	Z	P	M	M	L	I	M	O	N	A	D	E	I

Komm, wir geh'n zum Bäcker

nach der Melodie von „Spannenlanger Hansel, nudeldicke Dirn“

1. A: Komm, wir geh'n zum Bäcker, kaufen etwas Brot!
   B: Kaufen wir auch Erdbeerkuchen, süß und rot?
   A: Den bekommst du auch bei ihm, doch muss das sein?
   Du backst gerne Kuchen, den backen wir daheim.

2. B: Komm, wir geh'n zum Supermarkt und kaufen ein:
   Wir brauchen noch Erdbeer'n, Zucker und ein Ei.
   A: Eier sind im Kühlschrank, Zucker im Regal,
   Erdbeer'n sind so teuer, was ich nicht gern bezahl'.

3. A: Wir geh'n in den Garten, pflücken sie vom Strauch.
   Wo ist denn dein Bruder, deine Schwester auch?
   B: Mama pflückt die großen, wir pflücken die kleinen.
   A: Wenn die Tasche voll ist, dann geh'n wir wieder heim.

 der Supermarkt

 pflücken

 der Strauch

 heimgehen

Wohin gehen Mama und Paul?

Mama und Paul gehen zum  Bäcker.

Was möchte Mama kaufen?

Mama möchte  ______________ kaufen.

Was macht Paul gerne?

Paul backt gerne  ______________.

Was möchte Paul im Supermarkt kaufen?

Paul möchte  ______________,  ______________

und ein  ______________ kaufen.

Mama und Paul gehen nicht in den Supermarkt. Wohin gehen sie?

Sie gehen in den  ______________.

Was sagt Mama zu Paul?

Wir pflücken Erdbeeren vom  ______________.

Zusammen in einem Haus

nach der Melodie von „Drunt' in der grünen Au"

(Refrain) Wir leben in einem Haus mit Hund, Katze und Maus, juche,
wir leben in einem Haus mit Hund, Katze und Maus.

1. Wer deckt denn den Tisch?
(Aisha) Den Tisch decke ich.
(alle) Aisha deckt den Tisch.

2. Wer gießt denn die Blumen?
(Buruk) Die Blumen gieße ich.
(alle) Buruk gießt die Blumen,
Aisha deckt den Tisch.

3. Wer kocht denn die Suppe?
(David) Die Suppe koche ich.
(alle) David kocht die Suppe,
Buruk gießt die Blumen,
Aisha deckt den Tisch.

4. Wer spült denn die Teller?
(Leyla) Die Teller spüle ich.
(alle) Leyla spült die Teller,
David kocht die Suppe,
Buruk gießt die Blumen,
Aisha deckt den Tisch.

1

Was macht Aisha? Aisha  deckt den Tisch.

Was macht Buruk? Buruk  ______________ die ______________.

Was macht David? David  ______________ die ______________.

Was macht Leyla? Leyla  ______________ die ______________.

2

Wie helfen wir zu Hause?

staubsaugen|bügelnabtrocknenwaschenaufräumenkehrenabstaubenputzenaufhängen

Wie ist das Wetter?

	la		ti	do	ti	la	mi		mi	mi
1.	A: Pe	-	ter,	wie	ist	das	Wet	-	ter?	B: Die
2.	A: An	-	na,	wie	ist	das	Wet	-	ter?	B: Es
3.	A: Li	-	sa,	wie	ist	das	Wet	-	ter?	B: Es
4.	A: Ja	-	kob,	wie	ist	das	Wet	-	ter?	B: Es
5.	A: Pe	-	ter,	wie	ist	das	Wet	-	ter?	B: Ich

	fa		fa	la	so	fa	mi
1.	B: Son	-	ne	scheint,	es	ist	heiß.
2.	B: reg	-	net,	al -	les	ist	nass.
3.	B: schneit		und	ist	schon	ganz	kalt.
4.	B: blitzt		und	don -	nert,	ich	frier'.
5.	B: frag',		wer	ein	Han -	dy	hat.

	re (re)		mi	re	do	ti	do	re	mi
1.	A: Heu____	-	te	müs -	sen	wir	schwit____		- zen.
2.	A: Spring__		mit	mir	in	die	Pfüt______		- zen!
3.	A: Bau____		mit	mir	ei -	nen	Schnee___		- mann!
4.	A: Komm__,		wir	ge -	hen	ins	Tro -	cke	- ne!
5.	A: Schau doch		auf	dein	Ther -	mo -	me_______		- ter!

	ti	(ti)	do	re	do	ti	la
1.	B: Komm, /		wir	es -	sen	ein	Eis!
2.	B: Das	macht	uns	si -	cher	viel	Spaß.
3.	B: Hof -	fent -	lich	wird	er	sehr	alt.
4.	B: Jetzt	blei -	ben	wir	erst	mal	hier.
5.	B: Wir	ha -	ben	fast	drei -	ßig	Grad.

nach der Melodie von „La mar estaba salada“

1. A: Peter, wie ist das Wetter?
   B: Die Sonne scheint, es ist heiß.
   A: Heute müssen wir schwitzen.
   B: Komm, wir essen ein Eis!

2. A: Anna, wie ist das Wetter?
   B: Es regnet, alles ist nass.
   A: Spring mit mir in die Pfützen!
   B: Das macht uns sicher viel Spaß.

3. A: Lisa, wie ist das Wetter?
   B: Es schneit und ist schon ganz kalt.
   A: Bau mit mir einen Schneemann!
   B: Hoffentlich wird er sehr alt.

4. A: Jakob, wie ist das Wetter?
   B: Es blitzt und donnert, ich frier'.
   A: Komm, wir gehen ins Trockene!
   B: Jetzt bleiben wir erst mal hier.

5. A: Peter, wie ist das Wetter?
   B: Ich frag', wer ein Handy hat.
   A: Schau doch auf dein Thermometer!
   B: Wir haben fast dreißig Grad.

 einen Schneemann bauen

fragen

 hoffentlich

das Handy

1

Die Sonne scheint, es ist  ______heiß______.

Wir müssen  ________________.

Wir  ________________ __________ __________.

Es  ________________, alles ist nass.

Wir springen in  __________ ________________.

Es  ________________ und es ist 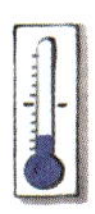 ________________.

Wir  ________________ __________ ________________________.

Es  ________________ und  ________________, ich friere.

2

trWeet	→	das W e t t e r	gneren	→	___ ___ ___ ___ ___ ___
neoSn	→	die ___ ___ ___ ___ ___	tzbleni	→	___ ___ ___ ___ ___ ___ ___
isE	→	das ___ ___ ___	reniefr	→	___ ___ ___ ___ ___ ___ ___

Der Januar liegt im Winter

nach der Melodie von „Komm, lieber Mai“

1. Der Januar liegt im Winter, das neue Jahr beginnt.
   Im Februar ist Fasching, da freut sich jedes Kind.
   Im März beginnt der Frühling, die ersten Blumen blüh'n,
   und im April ist Ostern, im Mai wird der Wald wieder grün.

2. Im Juni ess' ich Erdbeeren, manchmal auch ein Eis.
   Im Juli geh' ich schwimmen, im Sommer ist es sehr heiß.
   Ich muss nicht so viel lernen und nicht in der Schule sitzen.
   August ist Zeit zum Baden im See,
   dann muss ich nicht immer so schwitzen.

3. Der Wald wird langsam bunt im September, Herbstzeit beginnt.
   Die Drachen fliegen hoch: Im Oktober weht oft der Wind.
   Die Tage werden kürzer, es regnet sehr viel im November.
   Es wird sehr kalt und dunkel, Weihnachten ist im Dezember.

das neue Jahr beginnt

sich freuen

lernen

kürzer

1

 Der ___Januar___ ist im  ___Winter___.

 ______ ___Februar___ ist im  __________.

 ______ __________ ist im  __________.

 ______ __________ ist im  __________.

 ______ __________ ist im  __________.

 ______ __________ ist im  __________.

 ______ __________ ist im  __________.

 ______ __________ ist im  __________.

2

Im Januar beginnt ___das___  ___neue___ ___Jahr___.

Im Februar ist  __________.

Im März  __________ die ersten  __________.

Im April ist  __________.

Im Mai wird  ______ __________  __________.

Im Juni  ______ ich  __________.

Im Juli  ______ ich  __________.

Im August gehe ich an den  __________.

Im September wird  ______ __________  __________.

Im Oktober  __________  ______ __________.

Im November  __________ es viel.

Im Dezember ist  __________.

Der Tag und ich

nach der Melodie von „Schnadahüpfln“

1. Um sechs Uhr muss ich jeden Morgen aufstehen,
   um halb acht muss ich in die Schule dann gehen.
2. Um acht Uhr sitz' ich in der Schule am Tisch,
   mein Platz ist ganz sauber, die Tafel gewischt.
3. Um zehn Uhr ist Pause, ich esse mein Brot,
   die frische Luft tut meinem Kopf auch sehr gut.
4. Um ein Uhr kann ich gutes Essen dann haben,
   um drei Uhr sitz' ich über den Hausaufgaben.
5. Um vier Uhr seh' ich meine Freunde zum Spielen,
   um sechs Uhr, da helfe ich Mama beim Spülen.
6. Nun schlafe ich fest, es ist abends um zehn,
   es ist auch schon dunkel, ich träum' wunderschön.

(Refrain) Ist es zu früh oder schon zu spät?
Ist es zu früh oder schon zu spät?

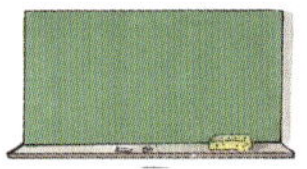
gewischt

die frische Luft

dunkel

träumen

1

 Um acht Uhr sitze ich in der Schule.

 ________ ________ ________ esse ich mein Mittagessen.

 ________ ________ ________ spiele ich mit meinen Freunden.

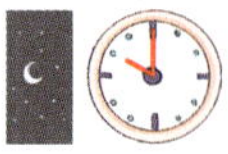 ________ ________ ________ schlafe und träume ich.

2

 Es ist 

Mittwoch.

Karia steht  um neun Uhr auf.

 Es ist 

________.

Sophie macht heute  ________ ________ ________ keine Hausaufgaben. Sie liest ein Buch.

 Heute ist 

________ und ich bin müde. Ich schlafe schon

 ________ ________ ________.

Zug, Fahrrad, Bus und Auto

so so so so so so do do la la la la la la re re

1. Ich fahr' mit dem Zug zur Schu - le, ne - ben mir sitzt mor-gens Ju - le,
2. Du kannst mit dem Fahr - rad fah - ren und das Geld fürs Ti - cket spa- ren.
3. Mit dem Bus fährt gern Di - a - na, ne - ben ihr sitzt mit -tags Han- na.
4. Mi - cha - el und Paul und An - na fah - ren mit dem „Ta - xi Ma - ma",

mi re mi re re do so so so la ti do do do

1. Jo - shu - a steigt spä - ter ein, denn er wohnt am Lin - den- hain.
2. Dir macht Fahr- rad - fah - ren Spaß, nur bei Re - gen wirst du nass.
3. Ja - kob steigt am Sport-platz aus und geht dann zu Fuß nach Haus'.
4. das sie mor -gens un - be- schwert schon um acht zur Schu - le fährt.

so (so) so so so so do la (la) la la la la re

1. Zug___ fah-ren, das ist schön, da__ kann ich ganz viel seh'n.
2. Fahr-rad - fah-ren, das ist schön, da__ kannst du ganz viel seh'n.
3. Bus___ fah-ren, das ist schön, da__ kann man ganz viel seh'n.
4. Au - to fah-ren, das ist schön, da kön - nen sie ganz viel seh'n.

mi re mi re re do so so so la ti do do do

1. Jo - shu- a steigt spä - ter ein, denn er wohnt am Lin - den- hain.
2. Dir macht Fahr- rad - fah - ren Spaß, nur bei Re - gen wirst du nass.
3. Ja - kob steigt am Sport-platz aus und geht dann zu Fuß nach Haus'.
4. das sie mor -gens un - be- schwert schon um acht zur Schu - le fährt.

nach der Melodie von „Auf der schwäb'sche Eisebahne"

1. Ich fahr' mit dem Zug zur Schule, neben mir sitzt morgens Jule,
   Joshua steigt später ein, denn er wohnt am Lindenhain.
   Zug fahren, das ist schön, da kann ich ganz viel seh'n.
   Joshua steigt später ein, denn er wohnt am Lindenhain.

2. Du kannst mit dem Fahrrad fahren und das Geld fürs Ticket sparen.
   Dir macht Fahrradfahren Spaß, nur bei Regen wirst du nass.
   Fahrradfahren, das ist schön, da kannst du ganz viel seh'n.
   Dir macht Fahrradfahren Spaß, nur bei Regen wirst du nass.

3. Mit dem Bus fährt gern Diana, neben ihr sitzt mittags Hanna.
   Jakob steigt am Sportplatz aus und geht dann zu Fuß nach Haus'.
   Bus fahren, das ist schön, da kann man ganz viel seh'n.
   Jakob steigt am Sportplatz aus und geht dann zu Fuß nach Haus'.

4. Michael und Paul und Anna fahren mit dem „Taxi Mama",
   das sie morgens unbeschwert schon um acht zur Schule fährt.
   Auto fahren, das ist schön, da können sie ganz viel seh'n.
   … das sie morgens unbeschwert schon um acht zur Schule fährt.

sparen

unbeschwert

~~Flugzeug~~

U-Bahn

Straßenbahn

Lastwagen

Zug

Bus

Taxi

Fahrrad

Auto

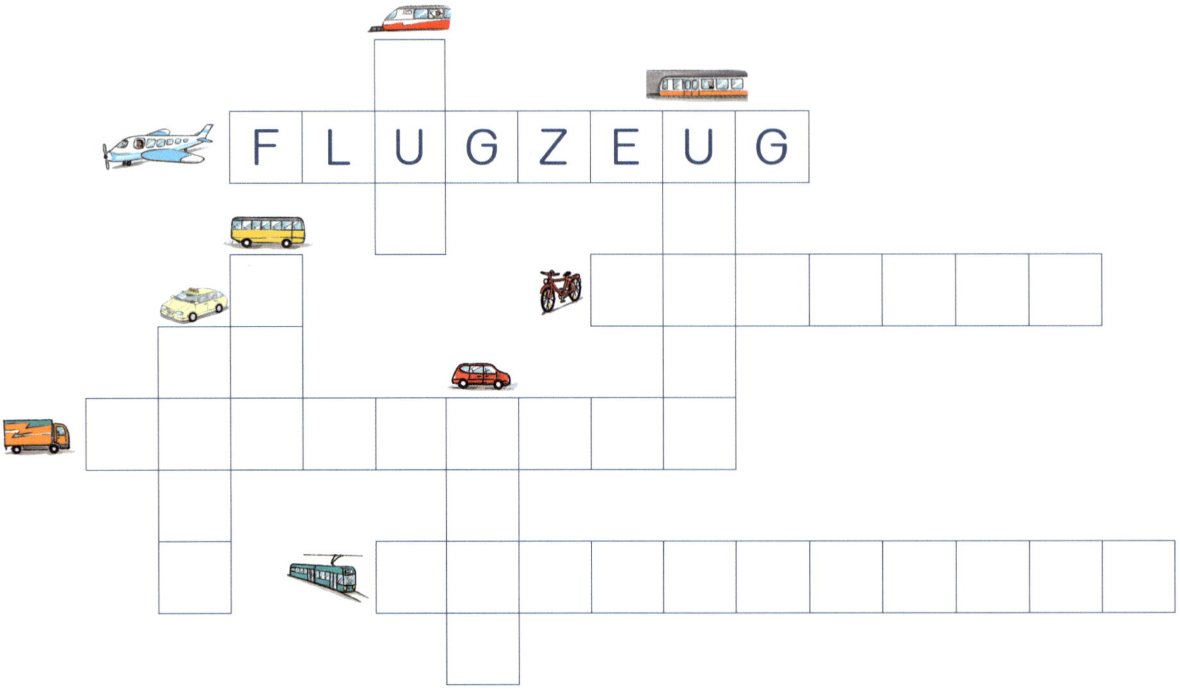

Mein liebster Sport

nach der Melodie von „Im Frühtau zu Berge“

1. Am liebsten fährt Karia Ski, fallera,
   beim Klettern, da sehen wir sie nie, fallera.

2. Und David fährt gern mit dem Rad, fallera,
   nur heute nicht: Sein Reifen, der ist platt, fallera.

3. Paul reitet zum Wald und zurück, fallera,
   doch Leyla tanzt lieber zur Musik, fallera.

(Refrain) Mein Sport ist nicht gefährlich,
mein Sport ist cool, ganz ehrlich,
ich mag diesen Sport, meinen Lieblingssport.

 nie

 platt

 zurück

 ganz ehrlich

1

Karia  fährt gern Ski.

David  ______ gern ______.

Paul  ______ gern.

Leyla  ______ gern.

2

 Ski fahren? schwimmen	 Fahrrad fahren? klettern	 schwimmen? ______
 Handball spielen? ______	 tanzen? ______	 reiten? ______
 Fahrrad fahren? ______	 klettern? ______	 Tennis spielen? ______

Ich schwimme gern im See

so mi mi mi fa so la so so mi fa fa so fa

1. Ich schwim - me gern im See, gern im See, ich schwim-me gern im …
2. Ich le - se gern ein Buch, gern ein Buch, ich le -se gern ein …
3. Ich ma - le gern ein Bild, gern ein Bild, ich ma -le gern ein …
4. Ich klet -ter' auf 'nen Baum, auf 'nen Baum, ich klet -ter' auf 'nen …

so mi mi mi fa so la so so mi fa fa so fa mi

1. Ich schwim - me gern im See, gern im See, ich schwim-me gern im See,
2. Ich le - se gern ein Buch, gern ein Buch, ich le -se gern ein Buch.
3. Ich ma - le gern ein Bild, gern ein Bild, ich ma -le gern ein Bild
4. Ich klet -ter' auf 'nen Baum, auf 'nen Baum, ich klet -ter' auf 'nen Baum,

so la so fa mi fa re fa re fa re

1. am liebs - ten, wenn es warm ist, warm ist, warm ist,
2. Dann kann ich so gut schla - fen, schla - fen, schla - fen,
3. von ei - nem wil - den Ti - ger, Ti - ger, Ti - ger,
4. am liebs - ten, wenn er hoch ist, hoch ist, hoch ist,

mi so so so la so fa mi fa re so so (so) so (so) do

1. warm__ ist, am liebs-ten, wenn es warm ist, da frie- re ich nicht so.
2. schla__ - fen, dann kann ich so gut schla - fen und träu-me noch da - von.
3. Ti____ - ger, von ei -nem wil-den Ti -ger, der brüllt / und / knurrt.
4. hoch__ ist, am liebs-ten, wenn er hoch ist, und krie-che wie ein Wurm.

nach der Melodie von „Jetzt fahr'n wir über'n See“

1. Ich schwimme gern im See, gern im See, ich schwimme gern im …
Ich schwimme gern im See, gern im See, ich schwimme gern im See;
am liebsten, wenn es warm ist, warm ist, warm ist, warm ist,
am liebsten, wenn es warm ist, da friere ich nicht so.

2. Ich lese gern ein Buch, gern ein Buch, ich lese gern ein …
Ich lese gern ein Buch, gern ein Buch, ich lese gern ein Buch.
Dann kann ich so gut schlafen, schlafen, schlafen, schlafen,
dann kann ich so gut schlafen und träume noch davon.

3. Ich male gern ein Bild, gern ein Bild, ich male gern ein …
Ich male gern ein Bild, gern ein Bild, ich male gern ein Bild
von einem wilden Tiger, Tiger, Tiger, Tiger,
von einem wilden Tiger, der brüllt und knurrt.

4. Ich kletter' auf 'nen Baum, auf 'nen Baum, ich kletter' auf 'nen …
Ich kletter' auf 'nen Baum, auf 'nen Baum, ich kletter' auf 'nen Baum;
am liebsten, wenn er hoch ist, hoch ist, hoch ist, hoch ist,
am liebsten, wenn er hoch ist, und krieche wie ein Wurm.

1

Sophie schwimmt gern im  ___See___.

Michael liest gern ein  ______________.

Diana malt gern ein  ______________.

David klettert gern auf einen  ______________.

2

In deiner Freizeit kannst du …

 Fa_h_ _r_rad fa_h_ _r_en

 Mu___ ___k hö___ ___n

 F___ßba___ ___ spie___en

 kle___ ___ern

 ba___ ___eln

 r___ ___ten

 einen ___ ___c___en ba___ke___

 ein B___ch l___sen

 s___ ___wimm___n

 Ha___ ___ball ___ ___ielen

 ein B___ld ma___en

 k___ch___n

 ein Lied si___ ___en